对话国宝

DIALOGUES WITH TREASURES

上博讲坛

第三辑

上海博物館 Shanghai Museum 新民晚報 主编

文匯出版社

“上博讲坛”系列丛书（第三辑）

编委会

序

汤世芬

文物，是人类文明浩渺星空中的一颗颗明星，照亮我们回望人类走过的纵深曲折的前路，启迪我们探寻和追问：我们来自何方，我们又将走向何处。与文物对话，让我们深思，给我们智慧。

作为深化阐释中华文明精神标识、大力促进人类文明交流互鉴的重要窗口，上海博物馆依托丰富的馆藏文物资源，扎实的学术科学研究，多元的展陈教育内容，拥有海内外体系最完整的中国古代艺术通史陈列，在文物学与艺术史、考古学、博物馆学等领域均确立了学术领先地位。

人才济济的专业团队与丰富多元的馆藏相映成辉，奠定了上博在相关领域的成就与地位。为进一步推动人才建设，打造文博人才高地的“上博样本”，2019 年起上海博物馆与新民晚报联手启动了“上博讲坛”，致力于构建以上博各研究门类人才为第一资源的具有标志性、代表性、权威性的学术品牌，引导上博中青年专家从幕后走到台前，通过公益性文博知识普及讲座传播文物知识与博物馆文化，成就人才发展与文化传播的“双赢”舞台。如此，不仅仅是让上博专家更为公众认知，更是拉近了我们与浩渺星空里一颗颗如明星般闪耀人文光辉的文物的距离。

“上博讲坛”举办之初，是以线下公益讲座为主要方式，一经推出便深受市民观众欢迎，每场讲座均一票难求。此后，考虑到受众范围等因素，“上博讲坛”开始以直播形式开展讲座，联动各媒体平台视频号，并设置直播视频回放功能，真正做到专业性与普及性兼顾、学术性与趣味性并举，使得更多观众足不出户便可领略文化魅力。

2022 年，为更积极主动响应社会主义文化建设的新要求，对标高质量的公共文化服务满足人民群众日益增长的精神文化需求，上海博物馆精心谋划，推出“大博物馆计划”，积极搭建干部人才多元发展的平台且力求惠及海内外更广大观众和读者。在此背景下，“上博讲坛”与“江南文化讲堂”均被纳入人才培养模式的重要部分。与“江南文化讲堂”聚焦江南文化主题，邀请上博专家与馆外社科、文化名家同台演讲、对话的形式不同，“上博讲坛”以上博优秀人才资源为首，通过中青年专家之口，围绕馆藏文物及相关研究，横跨不同时期、不同地域，向公众娓娓道来文博类专题学术科研篇章，为静止、沉默的一件件至宝文物“代言”，诉说了由点到面、由静到动、由过去到现在乃至未来的幕后故事。

本书涵盖“上博讲坛”第三季讲座全部内容，一部分以史为脉，从不同门类器物的角度出发，鸟瞰中华文明之河的源流、文明的高光时刻以及文明互鉴的历史印证；另一部分走进上博文保、考古两大部门，让观众了解更多与文物保护、修复和考古的知识，进一步拉近博物馆与观众之间的距离。2022 年上海博物馆“何以中国”文物考古系列大展启动，首展“宅兹中国：河南夏商周三代文明展”如何阐释中华文明之河的“源”与“流”？全球语汇的中国代名词：China（瓷器），在宋代美学中为何最具代表性？而到了元代，元青花又是如何成为当时手工业与跨文化交流的重要见证？一枚小小的银币，在丝绸之路这张“贸易网”中起了多大的作用？为什么说一部玉器发展史就是一部中国发展史？被誉为“寸缂寸金”的织中之圣，宋代缂丝书画艺术为何有可超越笔墨的创作空间？遗失近百年的《王文公文集》残卷，数年前突然出现，究竟是真迹还是伪作？历朝历代的文人雅士，都是如何构建他们的精神家园？如今我们通过艺术藏品还能寻觅多少未知的理想生活？上博的文物保护，仅仅是文物修复吗？广富林遗址的发掘是如何解读我们脚下这本“大地之书”的？第三季上博讲坛，既有广度，又有深度，希望能继续伴随观众读者，从“新朋友”逐步成为熟识上博的“老朋友”！

“上博讲坛”举办至今已步入第五季，其发展离不开广大观众与读者朋友的支持与期待，讲座内容也不断推陈出新，时常结合公众兴趣与反馈，新增文物保护修复主题，如线上直播的“青铜器修复与复制技艺”一期观看人数多达几十万。未来，上海博物馆将继续着力打造“上博讲坛”文化品牌，推动馆内专家充分释放人才的智慧和力量，与公众分享研究成果，打造文博领域具有影响力与知名度的文化传播平台，形成人才各阶段稳步发展与提升公共文化服务“共赢”模式，持续围绕服务国家战略与上海城市发展战略，赋能城市发展，努力建设习近平文化思想最佳实践地，助力打响“上海文化”品牌。

博物馆是人类文明的灯塔。上海博物馆不仅仅是包罗万象的中国古代艺术殿堂，也是一个满足人民群众对美好生活追求的公共文化空间，还是人们仰望人类文明星空的观景台、贯通古今中外历史长河的栈桥点、链接文明互鉴的大码头……

欢迎来上海博物馆，欢迎融入上海博物馆的朋友圈，欢迎和我们一起仰望星空，对话至宝！

（本文作者为上海博物馆党委书记）

目 录

第一讲

陈克伦
上海博物馆研究馆员

寻宋江南话宋瓷

陶器为全世界古代先民共有，而瓷器则是中国独有的创造发明。中国瓷器独领世界风骚数千年，中国创造了瓷器，瓷器也代表了中国的文明。

瓷器作为生活用品，在中国古代很长一段时间内是一种高级器皿，文人作为古代高端瓷器的主要消费群体之一，自然会以自己的审美意识自觉或不自觉地影响瓷器的制作。从晚唐开始，在文人的诗文中就可以看到对瓷器的评判；宋代以降，文人对瓷器制作的影响更是与日俱增，他们的旨趣成为促进古代瓷器发展的助推器。寻宋江南，宋代生活美学最有代表性的，就是瓷器。

五大名窑奠定的中国文人雅趣

从东汉开始，一直经过魏晋南北朝，基本上都是青瓷一统天下。到了唐代进入一个相对比较高峰的时期，有了越窑青瓷和邢窑白瓷，即所谓的南青北白。其成因或与唐代的饮茶风尚关系十分密切，文人崇尚玉的滋润剔透、崇尚冰的洁净无瑕，于是就有了对唐代越窑青瓷、邢窑白瓷的赞美。青瓷釉色如玉，“掠翠融青”，迎合了中国古代文人“以玉比德”的品格。白瓷的如银似雪，也符合文人清白做人、不入俗流、冰清玉洁的气节。

宋瓷是中国瓷器的一个高峰，进入宋代以后，开始百花齐放，出现各种瓷器品种。官窑之外，南方和北方出现了许多民窑，这些民窑对中国瓷器的发展一直影响到今天。

宋代五大名窑之说，始见于明代皇室收藏目录《宣德鼎彝谱》，它是一本万历年间的书，提出：“内库所藏柴、汝、官、哥、钧、定名窑器皿，款式典雅者，写图进呈。”所列六种，其中柴窑由于至今未发现窑址又无实物，故后世只列五大名窑，即汝、官、哥、钧、定（图 1—5）。

1

宋 汝窑奁
故宫博物院藏

2

南宋 郊坛下官窑青釉贯耳瓶
上海博物馆藏

3

南宋 哥窑青釉五足洗
上海博物馆藏

4

宋 钧窑天蓝釉炉
上海博物馆藏

5

宋 定窑白釉葵口碗
上海博物馆藏

汝窑的烧造时间不长，仅从宋哲宗到宋徽宗时期，只有二十余年，但由于其弥足珍贵的青色釉瓷，而备受世人赞誉和重视；宋代官窑由官府直接营建，分北宋官窑和南宋官窑；关于哥窑产地，由于材料的缺乏，考古学家各执一词，较为集中的观点有“杭州说”“龙泉说”“景德镇说”；创烧于唐代的钧窑，以色彩斑斓的花釉彩斑瓷器闻名于世；定窑，是五大名窑中唯一烧造白瓷的窑场。

这个排序中，把定窑放在了最后，对此，我是不同意的。定窑很重要，它对整个北方瓷业的影响是非常大的。定窑的流传时间很长，直到金、元时期都有定窑。到了宋代以后，老百姓真正用得比较多的就是青白瓷。

汝窑是以青瓷为主，有“家财万贯不及汝瓷一片”“片汝值千金”的说法。汝窑因为烧造时间短，瓷器传世极少，有记录的全世界不过 70 件。

上海博物馆收藏的汝窑数量目前在全世界排名第三位。第一位是中国台北故宫博物院，原来说有 23 件，现在看来其中 2 件有问题，应该是 21 件；北京故宫博物院有 12 件；上海博物馆有 9 件。比较遗憾的是上海博物馆收藏的汝窑的器型比较单一，只有两种，一种是盘，一种是洗。

上博馆藏中有一件是清凉寺窑址出土的，非常难得的是这件汝窑盘出土时几乎是完整无缺的（图 6）。1986 年 10 月在西安召开中国古陶瓷研究会年会期间，一名来自河南宝丰瓷厂的与会者请时任上海博物馆副馆长、中国古陶瓷研究会秘书长汪庆正鉴定一件瓷器。有很强的学术敏感的汪庆正副馆长看后很惊喜，这是一件典型的汝窑洗子。他立刻派上博的团队前往宝丰县清凉寺村，两次找到了 37 块汝瓷标本，还有 3 件窑具，其中 1 件火照、2 件支烧具，最终证明了清凉寺窑址就是汝窑烧制地，正式向世界宣告了沉寂千年的汝窑遗址重见天日。

宋代汝窑和官窑瓷器的釉面以无色开片作为装饰，同样继承了唐代以来文人推崇浑然天成、不事雕琢的传统；哥窑的“金丝铁线”则是用染色

6

北宋 汝窑青釉盘

上海博物馆藏

7

上海博物馆藏

浙江省博物馆藏

来突出自然形成的开片。

宋代，瓷器日益渗透到文人的生活当中，一些瓷器的造型透露出文人的时尚与爱好，如高端的酒具、茶具、香具与弈棋用品（图 7—10），这些都是包括文人在内的社会精英人士的日常用具。

中国古代文人在休闲、举办雅集与音乐会的时候，往往会陈列古董，以供清玩。宋代以来文人的“崇古”“崇礼”情结体现在瓷器的仿礼器造型之中。在哥窑、官窑、钧窑、德化窑、景德镇窑的瓷器中均可看到仿青铜礼器造型的器物。

8

宋 建窑兔毫盏
日本京都国立博物馆藏

10

北宋 耀州窑围棋罐
陕西耀州窑博物馆藏

张公巷窑和北宋官窑、汝窑的关系

汝窑见于宋代以来历代的文献记载，也有实物传世。自1986年在河南宝丰清凉寺地区发现汝窑窑址以后，对其面貌的认识极大拓宽，超出了过去对传世汝窑的认识。在这里发现了传世常见的水仙盆、盘、洗、碗、盏托、尊、瓶等，也发现了一些传世未见的新器型，如熏炉、套盒、方壶等。

其胎呈香灰色、釉呈天青色，釉面常见细小的开片；盘、洗类的圈足常作卷足包釉、底部见形如芝麻的细小支钉痕，这些特点与传世汝窑一致。

北宋官窑是否存在？一直是一个谜，始终没有确切的考古发现，文献记载亦语焉不详。2000年在河南汝州张公巷发现一个青瓷窑。因为其不见于文献，也没有明确的实物传世，对于其年代与性质的界定一直众说纷纭、莫衷一是。有学者认为，张公巷窑可以归入汝窑，其特点基本相同；也有学者（包括发掘者）认为，张公巷窑的年代不会早于金代，甚至元代。

通过对汝窑、张公巷窑（图11—13）及上海博物馆收藏的传河南开封出土的青瓷标本（图14）的胎釉进行对比和科学分析，产生了新的观点——据其性质不排除是北宋官窑的可能性。

11 张公巷窑开片

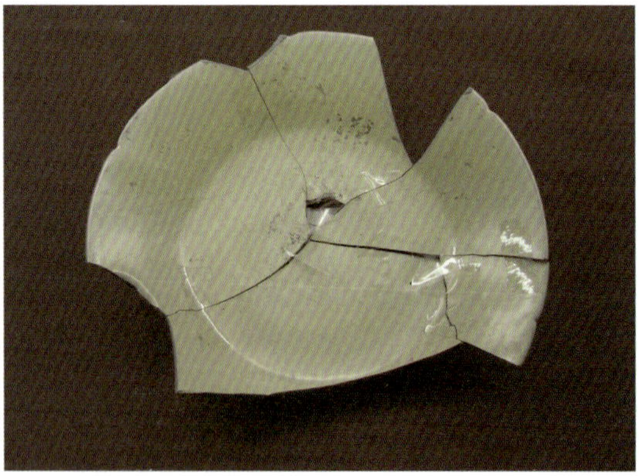

12 张公巷窑花口折腹盘

14
传开封出土标本
上海博物馆藏

从胎、釉、造型看，张公巷窑与汝窑两者确有一定的区别，如张公巷窑的胎色比汝窑白，釉色更加清亮，釉面少见细碎的开片，汝窑碗盘的底足大多是包釉支烧的，而张公巷窑大多是平切垫烧的。

关于张公巷窑与清凉寺汝窑的关系，也已经有很多研究。

学界对5件清凉寺出土的汝窑标本、7件张公巷窑出土标本和4件传20世纪40年代在开封出土的标本用EDAX公司的Eagle III能谱仪进行无损成分分析。分析结果如下：

1. 从整体上看，张公巷与清凉寺共12件青釉瓷片的胎釉组成都比较接近，胎中氧化铝(Al_2O_3)含量均值29.45%(在25.85%～31.48%之间)。釉中氧化钾(K_2O)含量为3.19%～5.03%，氧化钙(CaO)含量为6.93%～13%，体现了北方陶瓷高铝胎、高钙釉的特征。

2. 7件清凉寺瓷片、5件张公巷瓷片成分并不完全相同。从胎的化学组成来看，主量元素中氧化铁含量稍有差异。清凉寺瓷片胎中氧化铁(Fe_2O_3)含量为2.34%～3.13%，平均值为2.63%；而张公巷瓷片胎中氧化铁

（Fe_2O_3）含量为 1.62% ～ 1.96%，平均值为 1.80%。清凉寺的明显高于张公巷。由于铁是重要的着色元素，张公巷窑青瓷胎色都呈灰白色或白色，而清凉寺窑汝瓷胎呈香灰色，主要原因可以判定是清凉寺汝窑的氧化铁含量明显高于张公巷窑青瓷胎里的氧化铁含量。

3. 从釉的化学组成来看，清凉寺瓷片釉中氧化锰（MnO）含量在 0.11% ～ 0.18% 之间，均大于 0.1%，平均 0.142%；张公巷瓷片青釉标本氧化锰含量在 0.05% ～ 0.07% 之间，均小于 0.1%，平均 0.058%，前者几乎是后者的 2.5 倍。由于锰也是重要的着色元素，可能这是张公巷瓷片的釉色普遍比清凉寺瓷片釉色清亮的原因。此外，两地瓷片胎中锶（Sr）含量差异也很明显，清凉寺瓷片胎中锶含量为 99 ～ 142μg/g，而张公巷瓷片胎中锶含量为 393 ～ 525μg/g。微量元素往往能够起到分辨产地的作用，根据以上微量元素的差异可推断清凉寺与张公巷、开封瓷片应该采用了不同的制胎原料。

通过热释光数据分析，我们认为 5 件张公巷标本的年代范围在距今 1107 ～ 1194 年之间，平均为 1140 年；3 件清凉寺标本在距今 1045 ～ 1148 年之间，平均为 1112 年。两者相差无几。但无论是胎还是釉，张公巷与清凉寺出土标本的化学组成是有明显差别的，这些差别导致了两者在外观上的不同。虽然两地相距约 40 公里，并不算很远，但产品有明显的差别，严格地说还不能归为同一类。热释光测试也表明，张公巷窑标本的灵敏度要明显高于清凉寺窑，这说明两者胎的组成有较大的区别。

尽管从热释光年代测试上不能清晰地表现出清凉寺窑和张公巷窑之间的早晚关系，但是至少让我们知道如果清凉寺窑属北宋，那么张公巷窑的时代也不会到金代，更不会是元代。

上海博物馆收藏的 4 件相传 20 世纪 40 年代开封出土的青瓷标本，从标本的胎、釉及器型、工艺特点看与张公巷出土标本几乎一致；用能谱仪测试两者的胎釉成分，也几乎一致，热释光年代也相同。由此可见，这4件标本无疑是产自张公巷窑。

张公巷窑产品与清凉寺汝窑相比，主要区别在于青釉更加清亮，器型中大件的比例也相对较多。如果上海博物馆收藏的标本在开封出土为真的话，不排除张公巷窑是北宋官窑的可能性。

传世“北宋钧窑”的时代问题

钧窑是中国北方宋元时期一类重要瓷器产品，是中国古代陶瓷的奇珍瑰宝，以古朴典雅、色彩斑斓、风格独特闻名遐迩。宋钧的特点是造型端庄典雅，制作精工细致，釉色典雅清丽，多为代表文人士大夫追求简约生活的雅器。

传世的出戟尊、花盆、盆托（洗）等一类陈设用钧窑器物，其造型规整、釉色绮丽（图15—17）。虽然不见于宋元文献，但是自16世纪起被大多数人认为是“北宋钧窑”。20世纪70年代在钧台窑的考古发掘证实了其产地和时代。自90年代起，一批学者对“北宋钧窑”的年代产生了怀疑，主要理由是钧台窑的标本与“北宋钧窑”明显具有金元时期特征，在窑址附近发现的“宣和元宝”钱范形制不规范，不能作为判断窑址时代的根据；文献中对它的时代认定缺乏依据；这类器物造型明显具有14—15世纪特点等。因此对“北宋钧窑”时代的讨论始终没有得出一个令人信服的结论。2005年用先进的瓷器热释光年代测定技术，对历年出土的不同钧窑标本进行年代测试，结果为陈设类“北宋钧窑”的年代为距今630～660年，即14世纪后期，为元末明初时期；典型的金元钧窑标本的年代为距今720～730年，即13世纪后期，为蒙古时代末年或元代初年。两者相差约100年。结合其他诸如文献、考古及器物学资料，可以认为“北宋钧

15

明 钧窑月白釉出戟尊
上海博物馆藏

16

金-元 钧窑丁香紫釉渣斗式花盆
台北故宫博物院藏

17

宋 钧窑玫瑰紫釉鼓钉盆托
上海博物馆藏

窑”之说是一种历史的误会，其真实年代为元代晚期至明代早期。

传世哥窑瓷器的产地

宋代五大名窑中的“哥窑”一直处在学术界的讨论热点之中，从元代以来的文献直至今日的研究报告，对其时代和产地都众说纷纭、莫衷一是。

1992年10月，上海博物馆召开“哥窑瓷器学术座谈会”，参加会议的除了来自北京、江苏、浙江、上海、香港、台湾等地的国内专家，还有来自美国、英国、日本等国家的专家学者。关于哥窑的产地问题，会议代表提出了杭州、龙泉和北方（或景德镇）三种观点，前两种观点主要依据元代以来的不同文献的记载以及对文献的不同理解；而“北方说”则依据中国科学院上海硅酸盐研究所对60年代故宫博物院提供的一片“传世哥窑”瓷器标本的胎釉成分测试数据。

历代的文献记载，“杭州说”时代最早。相关的文献记载见于元代孔克齐的《静斋至正直记》：“乙未冬（1355）在杭州时，市哥哥洞窑者一香鼎，质细。虽新，其色莹润如旧造，识者犹疑之。会荆溪王德翁亦云，近日哥哥窑绝类古官窑，不可不细辨也。”

明嘉靖万历年间杭州人高濂的《遵生八笺》在谈“官窑”时也提到哥窑：“官窑品格，大率与哥窑相同……窑在杭之凤凰山下……哥窑烧于私家，取土俱在此地……”

明洪武二十一年（1388）曹昭的《格古要论》中，哥窑和龙泉窑是分别叙述的。

“龙泉说”不仅时代晚，而且始于民间传说。比《格古要论》晚约两个世纪的《浙江通志》首先提到“相传旧有”章生一生二兄弟烧瓷的事，“未详何时人”。

明代陆深在《春雨堂随笔》明确了章生一、生二为宋代人。“哥窑浅白断纹，号百圾碎。……宋时有章生一、生二兄弟，皆处州人，主龙泉之琉田窑。生二所陶青器，纯粹如美玉，为世所贵，即官窑之类。生一所陶者色淡，故名哥窑。”明嘉靖以后对哥窑、弟窑的进一步演绎，大都来源于此。

嘉靖四十五年（1566）刊刻的《七修类稿续稿》称：“哥窑与龙泉窑皆出处州龙泉县，南宋时有章生一、生二兄弟各主一窑，生一所陶者为哥窑……哥窑则多断纹，号曰百极碎。”这里首次提出他们是南宋时人。

明代陆容的《菽园杂记》（成书于成化至弘治年间）一书对龙泉窑记录得比较详细，从龙泉窑的分布、原料出处、制作工艺、装窑方法直到烧窑，描绘得极其细微，但是对于“哥窑”却无只字提及。

从上述文献记录的资料看，南宋时龙泉窑章生一、生二兄弟各主一窑的说法，开始是得自传闻，以后又进一步演绎而逐步形成。

考古出土的“哥窑瓷器”均为元代或明代初年窖藏或墓葬出土，多为黑胎、灰青釉，与“传世哥窑”的特征有类似之处，也有所区别。

关于窑址出土情况，与“哥窑”相关的主要是杭州老虎洞窑址和龙泉溪口、大窑的黑胎青瓷窑址。对老虎洞窑址出土标本和龙泉瓦窑垟窑址出土标本进行比较，发现杭州老虎洞窑址标本与“传世哥窑”更为接近（图18、19）；用科学方法对两地出土的标本及上海博物馆收藏的“传世哥窑”釉面的化学成分进行分析，结果表明，无论是常量元素还是微量元素，“传世哥窑”与杭州老虎洞窑址的标本非常接近，而与龙泉窑黑胎青瓷有距离。

18

宋 哥窑葵口洗
上海博物馆藏

19

在杭州老虎洞窑址 T50 中发现一件标本与上博馆藏
传世哥窑葵口洗的造型几乎完全一样

“传世哥窑”瓷器（图 20—22）主要收藏在两岸故宫博物院与上海博物馆，考察三地的收藏，可以总结“传世哥窑”的基本特征：均为赭黑色胎；釉色主要是灰青色，米黄色较少；釉面开片以一色开片多见，也有“金丝铁线”者。其中，上海博物馆收藏的传世哥窑瓷器有 15 件，分别是五足洗 1 件、葵花盘 1 件、葵口盘 4 件、圆口盘 2 件、葵口碗 1 件、贯耳瓶 3 件、葵口洗 1 件、海棠式洗 1 件和莲瓣洗 1 件。

20
宋 哥窑青釉葵口盘
上海博物馆藏

21

宋 哥窑青釉弦纹瓶
故宫博物院藏

22

宋-元 哥窑青瓷鱼耳炉
台北故宫博物院藏

1998 年 5 月至 2001 年 3 月，杭州市文物考古所对杭州凤凰山老虎洞窑址进行了两次较大规模的考古发掘。揭露了该窑址的全部文化层，实际发掘面积约 2300 平方米，发掘 5 米 ×5 米探方 86 个。

两次发掘都有重大收获。据发掘者报告，“老虎洞窑第二层出土的瓷片量多、品种丰富，窑具上有八思巴文。出土的器物同传世哥窑十分相似……我们初步认为这一层的产品是哥窑产品。”

浙江省文物考古研究所经过几年的考古调查与发掘工作，初步查明龙泉生产黑胎青瓷的窑址除溪口、大窑地区外，又发现了几乎纯烧黑胎产品的溪口瓦窑垟窑址。这是一个全新的地点，生产包括尊、觚、簋等在内的礼器类产品，清理了包括窑炉、灰坑在内的重要遗迹。

无论是溪口还是小梅等地的产品，其基本特征为：时代基本集中在宋代，黑胎、紫口铁足、胎骨厚薄不一；青色釉，釉色深浅不一，开片纹，片纹亦大小不一，粉青釉器物数量较少，质量明显更佳。虽然还不见报告发布，但是在 2012 年举行的学术研讨会上，不少学者认为龙泉黑胎青瓷应该就是哥窑。

上海博物馆运用 Bruker 公司的 Tracer5i 手持式荧光能谱仪，在非真空状态下对馆藏的 10 件传世哥窑瓷器、杭州市文物考古研究所提供的杭州老虎洞窑址元代地层 1999 年出土的 7 件标本、浙江省博物馆提供的 6 件龙泉溪口瓦窑垟窑址出土的标本用同样的方法进行测试，取得了可用于比较的数据。

对所有完整瓷器及标本的釉层元素分析均采用对同一件器物不同位置的 2~3 个釉面点进行数据采集，结果表明，仪器重复性较好，釉面均匀，数据稳定。

通过对与哥窑相关的文献记载、考古资料、传世实物、窑址标本与传世实物的外观及釉面的科学检测等综合研究，证明传世哥窑的产地应该在杭州，传世哥窑瓷器与老虎洞窑元代地层出土的瓷片标本无论其外观还是釉的化学组成均类似，而与龙泉黑胎瓷器无涉。

至于龙泉大窑、溪口发现的黑胎带开片的青瓷是过去有较多学者认为的“龙泉仿官”，还是近来学者认为就是“龙泉哥窑”？有待于今后进一步的研究。

中国瓷器已有三千多年历史，它凝结了我们祖先的智慧，满足了社会生活的需要，积聚了时代与民族的精华，成为中国乃至世界科技、工艺、文化史上的一项伟大发明，成为全球语汇里中国的代名词。中国瓷器的发明和发展，不仅方便了人们的生活，它的温润、洁净、雅致也提升了审美境界。对于瓷器的研究揭示了匠作技艺的精进，人类文明的历史高度。让我们带着崇敬的目光去认识辉煌的历史，认识先民的伟大创造，了解我国工艺技术的卓越成就。

扫码观看《寻宋江南话宋瓷》现场内容

第二讲

陈 洁
上海博物馆陶瓷研究部副主任
研究馆员

陆明华
上海博物馆研究馆员

元青花身世真相

元青花瓷器作为中国陶瓷史上的瑰宝，以其独特的青花发色、繁复的纹饰构图和精湛的烧造工艺，成为元代手工业与跨文化交流的重要见证。然而，由于历史文献的匮乏与早期研究的局限，元青花长期被误认为明代产物，其真实面貌直至近现代才逐渐揭开。随着考古材料的不断涌现与学术研究的深入，元青花的烧造背景、贸易网络及文化意义日益清晰。

一、认识历史与研究现状

几十年前，世人对元青花瓷器尚未有何认知，当时，整个元代的瓷器烧造情况也如同迷雾。蒙元王朝的统治，如被北部边陲的大漠黑云尘雾掩盖，神秘而不可知。瓷器作为器用的一个部分，历史上更是少有记载，传世的不少元朝瓷器被看成宋代或明代的产品，元青花则被当成明青花，于是有了青花始于宣德或永乐的说法。明代稍晚些时候的人，几乎已不知道元代曾有过辉煌的青花瓷器烧造时期，更不了解哪些是元朝青花瓷器。清代的收藏家和学者，对明人的观念全盘接受，难以澄清事实。这类观点沿续至近代甚至现代。传世的元青花瓷器，只能长期“屈居”，多半被作为明永乐、宣德青花瓷器中的一种质粗产品。

20 世纪 20 年代，出现在北京贡院（一说智化寺）的一对纪年青花瓷，其上铭文记录了“元至正十一年”的款识，最早引起大英博物馆霍普逊的关注。曾任美国弗利尔博物馆馆长的约翰·波普在 20 世纪 50 年代由此正式拉开了元青花的研究序幕，从此，伦敦大维德基金会的这一对来自中国北京的青花瓷瓶成了研究者关注的制品，“至正型”青花应运而生。此后，在一些国家和地区的收藏中，人们逐渐发现，原来那些被称为明青花的瓷器中，还有这些元代制品。

国内对元青花的认识较晚，直至 20 世纪 50 年代前后，部分博物馆收藏品才陆续开始调整，如上海博物馆藏元青花瓷器。60 年代以来，国内陆续出土了许多元青花瓷器，使其面貌更加清晰，如 1964 年河北保定一批青花和青花釉里红等产品的出现。80 年代江西高安一大批元青花瓷器出土材料的公布，在文物界引起了震动。国内真正重视研究元青花瓷器的时间大约是 70 年代后期到 80 年代，此后，元青花瓷器的概念逐渐在国内专业队伍中深入人心。此后，关于洪武瓷器烧造、元代浮梁磁局和明初景德镇御器厂的设置等问题的激烈争论，再度使元青花瓷器的研究成为新的焦点。

二、新材料的发现与认识突破

近几十年来，得益于各国学者的努力与海内外学术交流的加强，海外元青花的新材料层出不穷。土耳其托普卡比宫、伊朗阿德比尔寺、印度图格鲁克宫、埃及福斯塔特以及东南亚遗址零星出土或留存的器物，在很长一段时间被作为学界认识元青花海外贸易版图构建的基础。传统研究认为，西亚伊斯兰地区是元代“至正型”青花瓷器的主要消费地，东南亚则以粗制小件瓷器为主，东亚几乎被忽视。

然而，近年来新材料的发现彻底颠覆了这一认知。日本和琉球（今冲绳地区）出土的元青花数量惊人，仅日本便有29处遗址，涵盖大罐、大盘、梅瓶等精美器型，其质量堪比伊朗和土耳其的宫廷收藏。例如，琉球首里城出土的24件大盘和14件大罐，表明东亚市场对高质量元青花的需求不亚于西亚。这些器物的纹饰与中国本土出土品高度相似（如人物纹果盒、青花匜等），也暗示着两地贸易的密切性。

东南亚地区的新发现同样颠覆传统认知。如，印度尼西亚特鲁乌兰，作为满者伯夷都城，此地出土了六千余片元青花瓷片，可修复的“至正型”大罐、梅瓶、大盘达百余件，远超土耳其与伊朗的馆藏总和，包括蓝地白花大盘、瑞兽纹大罐等精品，这些与西亚皇室藏品高度一致。在菲律宾、泰国等地，也发现大量高质量元青花，菲律宾苏里高遗址出土的如意开光麒麟梅瓶、牡丹纹大罐等，品质媲美中东收藏。泰国11处遗址中，寺庙与皇宫集中出土至正型大罐与大盘，如大城府玛哈泰寺的八棱兽耳罐，显示出元青花在佛教仪式中的特殊用途，这些瓷器应当是被当地上层阶级用于宗教或宫廷场合。这些发现表明，东南亚富庶政权完全具备消费高端元青花的能力，其需求不亚于西亚。文献记载如《岛夷志略》《爪哇史颂》更佐证了东南亚对青花瓷的强烈需求。《岛夷志略》称当地“青白花瓷器”

2

元 景德镇窑青花缠枝牡丹纹瓶

上海博物馆藏

为重要贸易品，《爪哇史颂》亦提及中国瓷器在宫廷与贵族间的流通，满者伯夷作为“东洋诸番之冠”，其贸易地位与经济实力足以支撑高端瓷器的消费。由此看来，东南亚不再仅是传统研究中元青花贸易路线上的转运节点，而是重要的终端市场。

西亚地区虽以托普卡比宫与阿德比尔寺的皇室收藏闻名，但近年考古发现揭示了更复杂的贸易面貌。在托普卡比宫和阿德比尔寺的宫廷收藏以外，叙利亚阿勒颇、伊朗霍尔木兹等地的普通遗址中，除了至正型精品外，也出土了东南亚常见的花卉纹小碗与双系罐。埃及福斯塔特遗址和红海沉船中同时发现了精美大件器皿与简率小盏，说明西亚市场对不同品质瓷器均有需求。这一发现打破了“西亚仅消费精品”的刻板印象，揭示贸易的复杂性——经济水平、文化需求与运输网络共同塑造了不同地区的瓷器面貌。

三地的材料，重构了元青花瓷器的贸易版图，也体现出，元代青花瓷器的输出具有明显的多元性。未来的研究，仍需进一步结合航线、贸易模式及区域文化研究，深化对瓷器流通机制的理解。元代青花不仅是贸易商品，更是跨文化交流的载体，其全球性分布印证了 14 世纪欧亚大陆的紧密联系。

三、元青花瓷器的烧造性质

关于元青花瓷器的烧造性质，也有不同说法，目前存在的三种观点是：官窑说、民窑说、贡窑说。

官窑说以正史记载为主要依据，无论是延祐型还是元文宗时代抑或至正型产品，都可能有官窑瓷器。大多数人认同以官方烧造背景为基础，肯定有些元青花瓷器的官窑属性。

民窑说过去也和所谓的官窑说有共同的认识，亦即是说，承认延祐以来即已开始烧造青花瓷器，但不是官窑而是民窑。他们认为，元代景德镇没有官窑，所有的产品都属于民窑产品。

有的研究者则认为，景德镇有贡窑。但这实际上是一种笼统的说法，其实质还是指官方背景下的烧造。当然，由于有“泰定以来，本路总管监陶，有命则供，否则止”的说法，承认进贡皇家但不属于官窑。

上述观点众说纷纭，不过，元景德镇应当存在官窑：

1. 从史料角度看，元代景德镇存在官窑

元代关于景德镇烧造瓷器的历史文献很少，但实际上当时的历史文献已披露官窑的存在。元泰定元年（1324），朝廷开始实行新的督陶政策，于是有了“泰定后，本路总管监陶，有命则供，否则止”的做法，此前应是一种稳定的由浮梁磁局总管陶务的管理方式。用本路总管监陶的做法显然是加强对官窑的管理和保护的措施。

元至治朝前，皇家可能一直使用着旧有的瓷质祭器。饶州在元时隶属于江浙行省，在传世实物中有景德镇烧造的“太禧”款祭器，在《元史》中也记录皇家祭器中有“青瓷牲盘”，传世实物中有许多元代龙泉窑青瓷大盘，不少可能就是宫廷中使用的“青瓷牲盘”。因此，景德镇和浙江龙泉可能是皇家祭器主要的烧造点。

泰定朝始，朝廷用饶州路总管监陶，此后可能有多名官员曾担此任，其中之一就是我们比较熟悉的段廷珪。元至顺二年（1331）新任浮梁知州涂济亨说：“余出守是州之二月，清泉段公蒙旨董陶至州。”另有文献记载：“段廷珪，字君璋，济宁人。皇庆二年镇江总管。首戢强猾，禁诬讦奏，免新增夏税钞二百八十七，定秋粮米三万七千有奇。”相关地方志也记录到段廷珪其人其事：“金鱼池在府城南隅，相传梁萧王恢养鱼所……又府西有白莲池，汇桃源山水，元时总管段廷珪曾砌石桥于右。”在山东地方志中则有兖州府济宁州有关名人墓的相关记载：“元段廷珪墓在县西二十五里，官总管。”

上引文献对段廷珪的某些活动作了描述，他是目前我们了解最多的元代景德镇督陶官。当然，另外还有一位督陶官堵闰，他曾于至顺二年七月奉命督陶器于饶。

从以上情况看，元代至治—至顺时期，应是比较明了的官窑烧造高峰时期。可以认为，几任饶州路总管担任督陶官的事实，是肯定元官窑存在

4

元 景德镇窑青花瓜竹葡萄纹菱口盘

上海博物馆藏

的基础。

从实物方面看，江西九江私人收藏的用青花书写的“饶州路总管府”残器也反映了当时存在官方烧造的事实。

2. 从青料角度看，元青花原料应为官方从域外进口

查找元代文献中的《经世大典·工典》，其中《画塑记》中，有多处提到了“回回青”。可以认为，在元王朝统治中国以后，其与国外的交往就已十分频繁，“回回青”早已成为进口的绘画和雕塑原料。

元代景德镇官窑所用的这种进口青料似与元朝官方编写的《经世大典·工典》·《画塑记》中记录的“回回青”相类。目前只有这种“回回青”能够与元青花联系起来。元朝与回回地区有着较为畅通的贸易交往。即使“回回青”并非画元青花瓷器的钴料，当时的苏麻离青可能也是这么进口的。随着元代官方记载的“回回青”的出现和认识，元代景德镇有无官窑，元青花是否率先在官窑得到烧造，应是更加清晰了。

元青花青料的来源，始终受到学界人士的关注，不少科学测试证明，元青花全部是进口料。伊朗的卡尚，目前确实有钴土矿原料存在，不过实验结果显示，无法肯定元青花是否使用了当地的类似钴料，若以后能进一步对伊朗的钴料进行更多的科学测试，如果能肯定这就是元青花瓷器上绘彩的氧化钴料，那么，这将会是元青花研究的丰硕成果。

3. 从部分产品看具有典型的官窑烧造迹象

无论是国外收藏的所谓至正型元青花瓷器，还是景德镇出土的器物，都可以看到许多接近于官窑的制品。大维德瓶虽为民间用品，但所有可归入所谓至正型的元青花器物并不能一概视作民窑产品。国内外发现的许多元青花瓷器，应该是在官方有序安排下烧制的。大维德瓶的制作形式，确实具有官器意味，尤其是精美的龙纹，隐约体现了这种官瓷烧造制度留存下来的肃穆和庄严。但就文字而言，却明确为民间人士定烧产品。我认为至正十一年前不久，元官窑已经停烧了，大维德瓶应该属于转型烧造的产物。发现大维德瓶的存在，不等于就可以证明元官窑不存在。

最具有典型官窑烧造风格的元青花瓷器是景德镇风景路发掘的那些制品，无论从什么角度观察，都符合官瓷的要求，尤其是具有五爪龙纹的青花制品，如青花大盖盒、笔筒和围棋罐之类的器物。

其实，对于元代官窑的判断还涉及中国古代瓷器烧造中官窑性质的认

5

元 景德镇窑青花莲瓣形盘

上海博物馆藏

定问题。是否具备官窑性质，具有基本判断条件，但仍需根据不同时代，不同地区和不同窑区的烧造情况客观对待。元官窑是一个抽象概念，其与明清景德镇官窑的性质相似相异。明清官窑在景德镇珠山位置明确、窑址清晰，文献标注鲜明；而元官窑并无窑址地标基础，仅从标本出发，难以认定元青花的烧造性质。

元代景德镇官窑制度决定了元官窑是一个松散的、没有像明清御厂那样有明确位置和集中烧造的大本营式的机构，浮梁瓷局是官方烧瓷管理机构，而所谓的御土窑就是典型的官窑，它与明清御厂不同。浮梁瓷局是官方烧瓷机构，“御土窑”可能是元人用的民间称呼。因此，元官窑与明清官窑没有可比性，元青花的产品，似乎没有像明清官窑那样严格为皇家控制，也常常用于外销，散见于各窑区，常被认为是民窑。因此，元青花瓷器的归属性存在争议，需要客观分析，切实判断元官窑的存在及其青花瓷器的归属。

四、元青花瓷器的烧造年代

元青花瓷器的烧造年代历来是学术界争论的焦点，主要围绕其起源、高峰期及下限展开。传统观点认为其烧造时段为元代中期延祐元年（1314）至元末至正十一年（1351），但近年新观点不断涌现，将上下限延至元末明初甚至更晚。

1. 始烧年代

国内学者曾以湖北黄梅延祐六年（1319）墓出土的“青花”塔式盖瓶为关键证据，认定元青花始烧于延祐年间（1314—1320）。虽后续科学检测表明该器物实为釉下铁褐彩，但“延祐型”概念仍被广泛接受。此外，河北保定出土的青花釉里红瓷器被推测为元仁宗时期（1312—1320），它们“可能是元仁宗赐予三朝元老张珪的宫廷酒器，赏赐时间分别为皇庆元年（1312）和延祐六年（1319）”，进一步支持元代中期起源说。

部分学者提出元青花始烧于元代末期，不少器物是明代烧造的。日本学者矢部良明、龟井明德等认为，至正型元青花的兴盛期在元代后期至洪武、永乐初期，并延续至永乐晚期。有专家认为，元文宗统治时期是元青花瓷器烧造的重要时期。这种说法与延祐型的提法不矛盾，更在一定程度

6

元 青花缠枝菊花纹碗

上海博物馆藏

7

元 青花缠枝菊花纹盖罐

上海博物馆藏

8

元 青花缠枝花卉纹双系罐

上海博物馆藏

上认同延祐年观点。其依据为景德镇出土具有典型官瓷风格的元青花瓷器。还有观点指出，至正时期到明初是元青花始烧并发展的阶段，他们将那些画有人物的典型元青花实际上也就是所谓“至正型”作品，划定为至正十二年（1352）到明代的产物。

元青花瓷器的烧造上限，应当与前述所谓延祐型产品的烧造时间接近。尽管科学测试基本确认延祐六年塔式盖瓶为铁褐彩而非青花瓷器，但仍有证据显示元青花瓷器的始烧年代不会太晚——浙江杭州博物馆一件出土于后至元二年（1336）纪年墓的观音像，以及目前所见最早有纪年的“元统三年”元青花瓷碗（江西乐平私人收藏）。可以确认，至晚在后至元初年，元青花瓷器已开始烧造。

此外，有迹象表明，在元代中期，青花瓷器的烧造，有一个酝酿和发展的过程。韩国新安沉船（沉没时间推测为至治三年后）打捞的景德镇釉下褐彩器，与景德镇红卫影院遗址出土的元青花标本纹饰高度相似，无论从叶子的构图还是笔法两个方面，这揭示了釉下褐彩向青花的过渡。若沉船年代确为至治三年（1323）后不久，则元青花或始于至治至至顺年间（1321—1333），早于传统认知。

2. 烧造高峰

以英国大维德基金会藏至正十一年铭青花云龙纹瓶为断代标尺，多数学者认同元青花烧造高峰在至正十一年前，红海沉船（沉没时间约1351年）出土的典型元青花瓷器，其纹饰与伊朗、土耳其馆藏器高度一致，都印证了至正型青花的外销规模与工艺成熟度。

近年来，也有学者认为部分精美元青花（如人物纹器）实为明初产品，依据为江苏、安徽等地明初墓葬出土元青花。然而，该观点缺乏直接窑址证据，且元末战乱导致景德镇窑业萧条，实则难以支撑明初大规模生产之说。元青花进口钴料（苏麻离青）的供应中断、官窑停烧，以及民窑衰败，均削弱了“明代说”的可信度。

元青花的烧造高峰，可能为后至元到至正十一年以前；而且，这种高峰过去以后就似乎立刻进入低谷甚至停滞状态，可见，战争依然是使元青花乃至浮梁窑业萧条的最重要原因。

3. 烧造下限

传统观点认为，至正十二年（1352）后，江西陷入元末农民战争，如徐寿辉、陈友谅与元军的混战，使得景德镇窑业遭到毁灭性打击，官窑停烧，民窑亦难以为继。历史文献亦有记载，元末至明初景德镇多次因战乱陷入“窑业无从”的困境，变成了交战双方拉锯战的前沿阵地，与元青花断烧逻辑相符。

不过，江苏发现的明代功臣墓中，有不少元青花瓷器，而在安徽蚌埠功臣墓、山东邹城和湖北钟祥等明初朱姓藩王墓中，也出土有元青花瓷器。因此，部分学者以此为由，主张将元青花烧造下限延至洪武六年（1373）。有专家认为，那些画有人物图的所谓典型至正型元青花瓷器，其上限是至正十二年（1352），而其下限则为明洪武六年。这种观点与矢部、龟井两位日本学者的至正型元青花明代说大致相近。但考据显示，此类墓葬瓷器多为元代遗存，而非明初新烧。而所谓“落马桥型”元青花被推测为陈友谅割据时期（1360—1363）产物，然其政权动荡、资源匮乏，实际烧造可能性极低。

9

元 景德镇窑青花缠枝牡丹纹罐

上海博物馆藏

另外，从文献记载角度出发，《岛夷志略》记载元代“青白花器”外销至东南亚、西亚二十余国，这与爪哇满者伯夷遗址、伊朗霍尔木兹岛出土的至正型青花瓷相印证，证实元青花在至正年间已大规模出口。若元青花烧造延续至明初，文献与实物年代恐难匹配。

五、元青花是否专为外销伊斯兰地区而生

过去的研究普遍认为，元青花瓷器的海外输出具有地域性，即运往西亚的瓷器多为具有伊斯兰风格的大件作品，这些器物的纹样多涉及伊斯兰细密画的特征，如白地蓝花大盘，周围有众人围坐、放置米饭或汤汁的形象。然而，这种观点仅是从器物风格和销售对象的角度进行分析，缺乏对于器物功能和使用场景的全面考察。

实际上，元青花瓷器的输出方式并非单一。尽管从目前发现的情况看，运往西亚的器物多为大件作品，但南洋及东南亚等地也有大量大件器物出土，说明元青花瓷器的输出范围并不仅仅局限于某一特定区域。这种现象表明，元青花瓷器的输出方式具有一定的灵活性和多样化特征。

进一步分析发现，元青花瓷器的生产并非完全为输出海外服务，也并非仅为官方使用。从国内出土的情况看，元青花瓷器的生产可能既满足了国内的官方需求，也满足了民间的需求。例如，元青花缠枝牡丹纹大罐作为明初功臣汤和的陪葬品，既可能是皇家赏赐品，也可能于民间使用。此外，国外的元青花瓷器库存中，许多器物并非直接来源于元代，而是通过后世的流通而来。这种现象表明，元青花瓷器的海外输出并非单一渠道，存在多条流通路径。

元青花瓷器的生产具有明显的职业化特征，其去向既包括国内的官方和民间用途，也包括海外的贸易和输出。这种多样的去向反映了元代官窑

与民间的互动，也体现了元青花瓷器在政治、经济和文化多方面的价值。因此，元青花瓷器的归属并非单一，而需要从综合因素出发，进行全面分析，以更客观地揭示其历史命运。

元青花瓷器的研究历程，既是一部学术认知的突破史，也是一部全球化视野下的文化互动史。从最初被误判为明青花，到新材料颠覆传统贸易版图，再到烧造性质与年代的持续争论，元青花的历史轮廓在争议与实证中逐渐明朗。它不仅是中国制瓷工艺的巅峰之作，更是14世纪欧亚大陆贸易网络与文化交流的鲜活载体。未来研究需进一步整合考古发掘、科技检测与文献考据，深入探讨其原料流通、生产机制与区域消费差异，从而在更广阔的时空维度中，揭示元青花所承载的物质文明与人文精神。这一过程，既是学术的追问，也是对元代历史多元性与开放性的重新诠释。

扫码观看《元青花身世真相》现场内容

第三讲

胡嘉麟
上海博物馆研究馆员

宅兹中国
——河南夏商周三代文明展

“中国”这个命题是无数学者穷尽一生想要去探求的。2022 年，上海博物馆通过“何以中国”文物考古大展首展“宅兹中国——河南夏商周三代文明展”，以文物为脉络来寻求一个答案。

展厅当中的“宅兹中国”四个大字（图 1），是中国称谓的缘起。最早发现于西周早期的青铜器——何尊，意思是“我在天下之中建都”。“中国”最初是地理方位名词，后来它的内涵和外延不断扩大，才演变成现在的国家疆域概念。“宅兹中国”展览中涉及很多河南的文物考古发现，从侧面展示出中国“居中而治”的观念。河南的历史文化古迹很多，曾多次入选中国十大考古发现。本次展览选取了 89 个重要遗址出土的文物，来展现

中华文明的基本面貌。

中华文明源远流长，我们的先祖在这片土地上代代耕耘、生生不息。虽然我们的生活方式经历着不断的变化，但也有一些不变的东西深藏于民族血脉当中。这就是文明的基因，早在 5000 年前便已悄然生息，而这些故事的细节就隐藏在文物当中。

前言

河南地处“天下之中”，是夏商周三代文明的核心区。中华文明多元文化在经历漫长的发展和交融后，在河洛之间凝聚为成熟的文明形态，形成以王都为中心的辐射性统治格局。中国的社会组织结构发生了重大变革，构建了古代早期国家的基本形态。伴随着朝代更迭，王权政治不断强化，诸侯分封扩大了统治范围，促进了社会经济与文化的繁荣。在传统农业生产的基础上，手工业分工进一步细化，生产力呈现飞跃式发展，创造了登峰造极的青铜文明与辉煌灿烂的礼制文化。成熟的文字系统记录当时的社会面貌，传承了家国同构的政治理念和百家争鸣的思想观念。夏商周三代文明奠定了中华文明绵延不断发展的基础，成为中华民族和多民族统一国家形成的源头，并对古代东亚文化圈产生深刻的影响。

展览的序厅陈列着三件青铜鼎。首先是出土于河南偃师二里头遗址的网格纹鼎（图 2）被称为“中华第一鼎”，这是目前所发现的出土年代最早的一件青铜鼎。这件鼎的形制古朴，装饰有简单的网格纹，是礼制萌生初期的象征。第二件是河南安阳殷墟妇好墓出土的妇好鼎(图 3)。在商代晚期，中国古代青铜文明达到第一个高峰。这件妇好鼎形制厚重，纹饰精美华丽，从它的高浮雕纹饰上就能看到当时精湛的铸造工艺。第三件是出土于洛阳

2

夏 网格纹鼎

二里头夏都遗址博物馆藏

3

商 妇好鼎

殷墟博物院藏

东周王城的镶嵌金银团花纹鼎（图 4），它代表了战国时期中国古代青铜工艺的第二次高峰。这个时期主要流行在青铜器表面用金银、红铜、绿松石等进行镶嵌的金属表面装饰工艺。通过这三件青铜鼎，我们可以看到在不同朝代青铜器发展和礼制变革的大致状况。

4

战国 镶嵌金银团花纹鼎

洛阳博物馆藏

第一部分：夏

禹贡九州，奠定了中国早期国家形态的雏形，邦国林立从多元走向一体。公元前 21 世纪，大禹之子启继位，推举联盟首领的“禅让制”被王位“世袭制”所代替，出现了中国历史上第一个王朝。夏代共历 14 世 17 王，前后 400 余年。华夏族群与周边族群的交流融合孕育出共同的礼乐制度。河南境内发现的一系列具有王都规模的城址和大型聚落，揭开了夏代历史的神秘面纱。

一、茫茫禹迹

大禹治水，划定九州，两周时期的金文和竹简书中记载了不少大禹的事迹，说明夏代历史在当时广为流传。文献记载禹都阳城、启都阳翟、后羿代夏、太康失国等历史事迹，随着登封王城岗、禹州瓦店、新密新砦、巩义花地嘴等遗址的发现，逐渐勾勒出夏人的活动踪迹，为探寻夏代早期历史和文化提供了线索。

王城岗遗址位于登封市告成镇西北，发现有三座河南龙山文化晚期的城址，其中大城复原面积达 34.8 万平方米。在城址东侧还发现有战国时期的阳城城址，以及带有“阳城”戳记的陶器。结合文献和考古发现，推测王城岗遗址就是文献记载的“禹都阳城”。登封王城岗遗址出土的鬶形器青铜残片（图 5）是目前已知东亚大陆最早的使用复合范铸造锡青铜容器的残片。说明在夏代早期，夏人已经可以铸造青铜容器。这件青铜残片在发现之后，通过与同遗址出土陶器的比对，得知应该是一件鬶形器裆部或足部的残片。

瓦店遗址位于禹州市瓦店村，总面积超过 100 万平方米，发现有大型建筑基址、奠基坑和左右对称的祭祀遗迹，其建筑布局奠定了后世都城“左

5

夏 鬶形器青铜残片

河南博物院藏

祖右社”的规制，推测瓦店遗址可能就是文献记载的“启都阳翟”。近几年来我们在瓦店遗址有一些新发现，比如发现有红铜容器的残片，可能为爵或盉的流管。公元前 2000 年左右，在河南境内龙山文化时期的遗址中，发现了大量的冶铜遗迹，这些均为夏代晚期二里头遗址中大规模铸造青铜器打下了基础。

瓦店遗址出土的这件磨光黑陶觚（图 6）是龙山文化的代表性器物，体型优美，磨光黑陶的色泽乌黑发亮。正是由于经历了龙山文化时期陶器制作技术和火候掌控的积淀，才为后来青铜冶铸工艺的产生奠定了技术条件。

使用甲骨进行占卜是商人的习俗，但它的起源其实更早，在新石器时代就已经出现。瓦店遗址出土的这件卜骨（图 7）说明在夏代早期人们就使用甲骨进行占卜，卜骨上的乌黑斑点正是占卜时用火灼烧的痕迹。

6

夏 磨光黑陶觚
河南博物院藏

7

夏 卜骨
河南博物院藏

新砦遗址位于新密市刘寨镇新砦村西部，城址由外壕、城壕、内壕三重防御设施构成，总面积约100万平方米。城内发现有君主祭祀或诸侯会盟的大型礼仪建筑“墠”，表明这是王都性质的都邑。新砦遗址的主体遗存早于二里头文化，因含有大量东夷文化因素，推测是“后羿代夏”时期的都城。新砦遗址出土的这件猪首形陶器盖（图8）造型非常可爱。器物原本体型较大，但是下面的器身已经不存，仅保存有器盖。猪首昂起上冲，猪鼻微微翘起，双目向上斜视，动物造型优美，是一件实用性与艺术性相结合的器物，具有很高的艺术价值。

8

夏 猪首形陶器盖
郑州市文物考古研究院藏

新砦遗址出土的这件夏代早期的网格纹陶鼎（图 9），与序厅那件二里头遗址出土的网格纹青铜鼎的造型和纹饰都很相近，说明夏代从早期到晚期的文化是连续的。青铜器最早是仿制陶器而产生的，所以这件网格纹陶鼎也可以看作是网格纹青铜鼎最早的形制。

在新砦遗址还出土了一件兽面纹陶片（图 10）。这件陶片虽然有所残缺，但通过上面的纹饰可以了解，这个兽面可能是一个龙首的形象，并且与二里头遗址的纹饰有着很强的联系。龙首的眼睛，呈节状的鼻梁以及蒜头形的鼻，都与二里头遗址新发现的绿松石龙形器非常接近，这说明了龙纹在夏代的早期和晚期也有着文化的延续性。

10

夏 兽面纹陶片
郑州市文物考古研究院藏

花地嘴遗址位于巩义市北瑶湾村，面积约35万平方米。遗址内出土有彩绘朱砂陶罐、玉璋、玉钺等礼器。花地嘴遗址正好在嵩山以北的“洛汭”地区，推测与太康失国流寓洛汭的文献记载有关。花地嘴遗址出土的玉钺和玉铲都是象征着王权的礼器。

二、赫赫夏都

伊、洛河交汇处的偃师二里头遗址是夏代晚期都城。二里头遗址面积近400万平方米，是一处经缜密规划、布局完整的大型都邑，对中国城市布局和规划具有承上启下的重要意义。这里发现有迄今所知中国最早的中轴线宫殿建筑群、最早的宫城、最早的封闭式官营手工业作坊区、最早的青铜礼器组合等。以二里头遗址为中心，与周边文化不断交流和融合，并呈现出向四方辐射的强劲态势，突显了王权国家的性质。

这是二里头遗址出土的一件青铜爵（图11）。爵是人们使用的一种祼酒器，用来实行祼礼。这件爵的流口很长，腰部收束，是夏代晚期青铜爵的一种典型样式。它的通体素面没有纹饰，说明当时的青铜器铸造还处于萌生阶段，还没有出现大量的装饰。

11

夏 青铜爵

二里头夏都遗址博物馆藏

另外还有河南博物院收藏的一件青铜斝（图 12）。斝也是祭祀中使用的一种祼酒器，高高的三足下面也可以加热或用来温酒。这件器物是目前所知夏代晚期体型较大的青铜斝之一，在腹部装饰有简单的弦纹和连珠纹。

二里头遗址还出土有精美的镶嵌绿松石兽面纹牌饰（图 13），这件牌饰是与铜铃一起出土的，大致出土于墓主人的胸部位置。根据考古学者推测，它可能是作为服饰上的一种装饰。镶嵌绿松石的兽面纹牌饰，一般象征着墓主人的身份为祭司。铜铃作为一种响器，常常被祭司在祭祀当中使用。所以这两件器物具有比较强的组合关系，是夏人在祭祀活动当中所使用的礼器。

12

夏 青铜斝

河南博物院藏

13

夏 镶嵌绿松石兽面纹牌饰
二里头夏都遗址博物馆藏

二里头遗址还出土了两侧有扉齿状的玉璋（图 14），一般被称为二里头式玉璋。通过玉璋的不同样式，我们发现这种二里头式玉璋的分布范围十分广泛。从目前考古出土的情况来看，在东南沿海地区、越南北部都发现有二里头式玉璋。由此可以证明，夏代作为一个广域的王权国家，它的文化向外辐射的效果和范围是很广的。

同样，在二里头遗址出土的文物中，我们也能看到周边文化向中原地区汇聚的迹象。例如在二里头遗址出土的这件鸭形陶壶（图 15），就与上海马桥文化出土的鸭形壶十分相似，说明当时中原地区与江浙沪地区已经有了文化交流或贸易往来。

14

夏 玉璋
洛阳博物馆藏

15

夏 鸭形陶壶

中国社会科学院考古研究所藏

二里头遗址出土的象鼻陶盉（图 16），是浙江南部、福建北部光泽文化遗址的典型器物。所以，中原地区与东南地区的交流从很早就开始了。

16

夏 象鼻陶盉

中国社会科学院考古研究所藏

第二部分：商

商人始祖契，辅佐大禹治水有功，原是夏王朝东部的方国。公元前16世纪，商汤灭夏建立商王朝。商代共历17世31王，前后500余年。商人敬鬼祀神，宗教活动空前发达。开始使用成熟规范的文字，确立了内服、外服并用的复合制国家体系，初步形成以“礼制”为核心的政治制度。手工业门类的细化铸就了制造业的辉煌，将中国古代青铜文明推向了高峰。商文化对周边方国产生了重要影响，在黄河流域、长江流域以及西辽河流域等地区，形成了以商王朝为核心的相互交流、相互影响的文化区域。

一、烈烈汤誓

商王朝建立后，将王都从商丘迁到亳。后由于争夺王位的九世之乱，以及自然灾害等原因，王都曾在河南境内进行了五次大规模的迁徙。考古发现的郑州商城遗址、郑州小双桥遗址，推测可能就是文献记载的商汤亳都、仲丁隞都。在城市规划与布局、宫室建筑结构与技术等方面均在继承二里头文化的基础上走向成熟。窖藏坑内出土成组的青铜礼器，是王室重器和国家政权的象征。

郑州商城遗址位于郑州市区内，是商代早期的都城遗址。遗址总面积约25平方公里，城址平面呈方形，分内城、外城两部分。内城有多座大型宫殿基址，是商王室和贵族的生活居住区。外城是中小贵族及平民的居住区、墓葬区和作坊区。沿着郑州商城的内城墙外侧掩埋有三处青铜器窖藏，推测与当时商王室的重大祭祀活动有关。

在郑州商城张寨南街祭祀坑出土的杜岭方鼎（图17）体型硕大，这个时期青铜鼎上已经开始出现复杂的纹饰。方鼎腹壁中间是兽面纹，纹饰线条高耸林立，兽面纹的四周有圆乳状的乳钉纹，显示了郑州商城作为商

17

商 兽面纹方鼎（杜岭方鼎）
河南博物院藏

代都城的气派。

另外还有这件体型高大的兽面纹瓿（图 18）。瓿是一种盛酒器，这件器物装饰有大面积复杂的花纹，腹部以兽面纹为主，兽面纹在商代的青铜器中非常流行，肩部还有高浮雕的兽首装饰。

此外，这个时期，青铜斝仍在继续沿用，但是青铜斝上的纹饰比起夏代更加复杂，并且装饰面积也逐步增大。这件兽面纹斝（图 19）整体器型高大，腹部装饰两段的线条状兽面纹是商代中期的典型特征。

18

商 兽面纹瓿
郑州博物馆藏

19

商 兽面纹斝
河南博物院藏

郑州商城遗址还出土有这种原始青瓷尊（图 20）。原始瓷是江浙地区比较有代表性的器物。由此可知，中原地区和东南地区的文化交流没有中断，一直保持着密切的联系。

郑州商城遗址出土的灰陶拍（图 21）非常重要。陶拍面上有一个文字字符，这个字符与甲骨文、金文的“眉”字写法完全相同。北京保利艺术博物馆收藏有一件商代中期的眉鼎，与这件灰陶拍的年代和文字一致。所以，在甲骨文大量出现之前，已经有了金文的文字出现。

小双桥遗址位于郑州市西北郊石佛乡，是商代中期的都城遗址。遗址

20
商 原始青瓷尊
郑州博物馆藏

21
商 眉字灰陶拍
郑州博物馆藏

面积达 144 万平方米，发现有多处大型建筑基址、祭祀坑及青铜冶铸遗存。

小双桥遗址比较重要的发现就是朱书文字。这件大口陶尊（图 22）出土于小双桥遗址的祭祀区。在祭祀区考古学者发现了多片用软笔蘸有朱砂颜料写上了文字的陶器，这些文字被称为朱书文字。通过研究可知，这种商代中期的朱书文字与商代晚期的甲骨文、金文一脉相承，属于同一个文字系统。

小双桥遗址还出土了这件陶牺尊（图 23）。牺尊是商周青铜器中重要的盛酒器，这件陶牺尊采用羊首的形态，是青铜牺尊造型的主要来源之一。

22

商 朱书文字大口陶尊

河南省文物考古研究院藏

23

商 陶牺尊

河南省文物考古研究院藏

小双桥遗址最重要的发现，还包括这件青铜兽面纹建筑构件（图 24）。这件建筑构件是在小双桥遗址的宫殿区范围内发现的，推测是用于宫殿梁柱装饰和起到加固作用的一件器物。建筑构件的三面均有纹饰，正面是兽面纹，两侧分别有龙纹、虎纹等。通过这件建筑构件，就可以想象出当时商代宫殿的奢华。

二、大邑商都

安阳殷墟是中国近代考古最重要的发现之一。公元前 13 世纪，商王盘庚定都于殷，直至商朝灭亡。安阳市西北郊，跨洹河两岸的殷墟遗址是商代晚期都城。遗址面积约 40 平方公里，以小屯宫殿宗庙区为中心，由多处手工业作坊、分布密集的居民区、王陵区和墓葬区所组成。王室贵族的陵墓规模宏大，随葬品制作精美、数量丰富。甲骨文记载了贵族生活的

24
商 兽面纹青铜建筑构件
河南博物院藏

各个方面。青铜器、玉器被广泛地使用于祭祀、宴享、会盟等重大活动，成为等级制度和身份地位的重要标志，代表了商代晚期辉煌灿烂的青铜文明。

商代贵族常常用龟甲和兽骨进行占卜，以达到感知未来、趋吉避害的目的。这些刻写在龟甲和兽骨上的文字，无异于一部百科全书，详尽记录着宗教祭祀、生老病死、方国战争、天文星相、交通地理、农业收成等贵族生活中的大小事件，承载着商人虔诚庄重的宗教情怀与逢凶化吉的美好愿望。

在殷墟花园庄东地出土了一件非常完整的龟腹甲（图 25），上面刻有密密麻麻的甲骨文。根据研究，这片甲骨上刻有 32 条卜辞，记载了商王室的宗室子弟在不同时间内祭祀商王室男性祖先和女性祖先的记录。在其中一条卜辞当中，我们还发现了妇好的名字。殷墟妇好墓的发现是目前唯

25
商 龟腹甲卜辞
中国社科院考古研究所藏

一能与甲骨文相印证而确定年代和墓主身份的商代王室墓葬。

商代是建立在血缘关系基础上的宗族社会组织，在宫殿宗庙区内埋葬的妇好是商王武丁的王后，同时还是主持大型祭祀的祭司，以及带兵出征各地方国、战功卓著的巾帼英雄。亚长和亚址是商王朝骁勇善战、叱咤风云的高级将领。他们的墓葬形制、规模和随葬品，均反映死者生前身份和地位。觚爵组合是商代礼器制度的核心，表明商文化“重酒”的特质。

1976 年安阳小屯妇好墓出土的司母辛鼎（图 26），是商代宗室子弟为祭祀妇好所铸造的礼器。司母辛鼎体型硕大、非常厚重，腹壁内铸有三字铭文“司母辛”。辛是妇好的庙号，商人一般以天干日名作为庙号。根据甲骨文记载，妇好是一位文武双全的杰出女性。妇好墓发现于安阳殷墟的宗庙区，能够埋葬在宗庙区，可见她的身份地位非常高。

26

商 司母辛方鼎

中国社科院考古研究所藏

同样出土于安阳小屯妇好墓的还有司母辛觥（图 27），这件器物整体呈动物造型，相当可爱。并且这是集合了多种动物形态于一身，它的头部似马非马、似牛非牛，还有两个盘旋的龙角，前两足为兽爪状，后两足为鸟爪状，尾部还有浮雕状的鸟的羽翼状纹饰。这件司母辛觥通体都装饰有花纹，不留余白，可以说是代表了商代晚期青铜器铸造技术的巅峰。

另外，还有这件妇好鸮尊（图 28），整体呈猫头鹰的造型，其装饰采用了圆雕、高浮雕、平雕等多种技法相结合。这件器物的内壁中还铸有“妇好”两字的铭文。鸮是一种夜鸟，在商人的观念中有战功、战神的含义。这件器物也体现出妇好作为一位女将军的身份特征。

27

商 司母辛觥

河南博物院藏

28

商 妇好鸮尊

河南博物院藏

安阳郭家庄 106 号墓出土的亚址鼎（图 29）也是一件重要的青铜礼器。亚址是商王朝战功卓著的将军,“亚”一般是作为武官身份的标志,“址”是代表他的家族。在这座墓葬中还出土有亚址方觚（图 30）和亚址角（图 31）。觚和角是商代举行祼礼时使用的酒器组合，一般是觚和爵的组合，所以我们得知爵和角的功能相同，可以替换。方觚在商代墓葬中非常少见，因为方形青铜器的制作难度更大。如果随葬有方形的青铜器，往往意味着墓主人的身份地位更高。

29

商 亚址鼎

中国社会科学院考古研究所藏

30

商 亚址方觚

中国社会科学院考古研究所藏

31

商 亚址角

中国社会科学院考古研究所藏

安阳花园庄 54 号墓中出土的亚长方斝（图 32），体型非常高大，纹饰精美。在这座墓葬中还发现有九套觚爵组合（图 33），都有亚长的铭文。按照商代礼制，礼器的基本组合就是觚爵组合，以觚爵的套数来代表墓主人的身份地位。一般的小型墓都会出土一觚一爵，这是商代礼制的标准配置。而亚长墓出土了九觚九爵，可见墓主人的地位之高，表明他也是商王朝一位战功卓著的将军。

32

商 亚长方斝
中国社会科学院考古研究所藏

33

商 亚长觚（左）和亚长爵（右）

中国社会科学院考古研究所藏

下面这件弦纹甗（图 34）非常有意思，甚至有点“重口味”。甗是蒸煮器，上面称为甑部，下面称为鬲部，甑部和鬲部中间有镂空的篦子，甑部可以盛放粮食，鬲部加水受热，用来蒸煮。这件甗中有一个人的头盖骨，出土时就是这样放置。表明这是当时商人祭祀的场景，用人的头骨来祭祀祖先。这个头盖骨的人身份地位极高，很可能是敌方的首领或大将，以此来彰显商人祭祀礼节的隆重。

礼器是礼制的载体，被赋予了沟通人神、象征权力和地位的特殊内涵。在殷墟发现的手工业作坊有铸铜、制陶、制骨、制玉等各个门类，出土了仿铜陶器、仿铜石器和仿铜骨角器等各种材质的礼器。

白陶器在商代非常珍贵，一般供王室所用。白陶的烧造首先要采取高岭土，并且对烧造温度有严格控制。这里有一件白陶象尊（图 35）造型

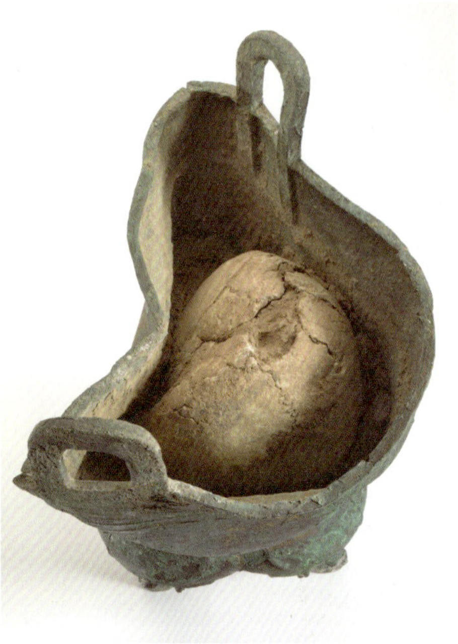

34

商　弦纹甗

中国社会科学院考古研究所藏

35

商　白陶象尊

新乡市博物馆藏

非常写实，可以看到它尖尖的獠牙和翘起的鼻子。象尊也是盛酒器，腹部装饰有大鸟纹。河南简称为“豫”，这个“豫”中有“象”。公元前3000年以前的中原地区的气候非常温润，当时的黄河流域属于亚热带气候，有野生大象生活。文献中就有“商人服象”的记载。在甲骨卜辞中也有商王在打猎过程中狩猎大象的记录。所以，当时的先民将看到的动物，制作成盛酒器的样式。然而随着气候的变迁，大象在中国大部分地方都已经消失，只有在云南等极少数地区还能看到野生亚洲象的存在。通过这件器物，可以想象到当时商人的生活环境，与文献记载相互印证。

在殷墟范围内发现了苗圃北地、孝民屯、小屯东北地、薛家庄、辛店等多处铸铜遗址，这些位于宫殿宗庙区和都城范围内的的铸铜遗址都是王室直接管辖的作坊。这些作坊有了明确的分工，辛店遗址就是一处以铸造大型青铜礼器为主的作坊。比如这是辛店遗址出土的一件青铜簋的陶范残片（图36）。青铜簋一般是用三块外范来合范铸造，用三块外范拼接为一个圆形，陶范上会刻有非常精致的花纹。可以看到这件陶范的腹部有兽面纹，颈部还有鸟纹。

36

商 青铜簋陶范残片

中国社会科学院考古研究所藏

这件镶嵌玉和绿松石的包金青铜戈（图 37）装饰华丽，级别非常高。中原地区对黄金的喜好，并不是固有的一种文化传统，而是受到了周边文化的影响。在商代的贵族墓葬中很少发现黄金制品。并且，在妇好墓中也没有发现这种包金的青铜戈。因此，这件器物很可能是早年出土于殷墟王陵区的商王所使用的礼器。

37
商 镶嵌玉绿松石包金青铜戈
新乡市博物馆藏

雕琢精美的玉器既是祭祀礼仪用器，还可以制作成精良的生活用品和动物形装饰品，反映了商代贵族奢华的生活意趣。殷墟妇好墓出土的这件跽坐玉人形佩（图 38）小巧可爱，是由青玉雕琢而成。这件器物反映了当时中国古代通常使用的坐姿“跽坐”。当时还没有出现矮式家具，大家习惯于席地而坐，而这种跽跪的坐姿是符合正式场合的仪式性坐姿。这件玉佩雕琢得非常精致，连人物的头发丝都刻画得非常精细。

38

商 跽坐人形玉佩

河南博物院藏

三、四方翼翼

商王为天下共主，王畿之内，百僚庶尹各司其职。方国之外，侯甸男卫各服其事。随着商王朝统治区域的扩大，商文化的影响力大规模向四周传播。河南温县、荥阳、息县等地发现有显著殷商文化特征的家族墓葬。这些家族墓葬出土的青铜礼器使用同一种族徽文字，表明这是以血缘关系为基础建立的方国。这些方国与商王朝保持臣服和纳贡的关系。

比如这件在河南温县小南张村出土的徙斝（图39），同样使用了猫头鹰的纹饰进行装饰，类似于妇好鸮尊的纹饰题材。斝的腹内壁铸有铭文，“徙”字就是这个家族的族徽。根据甲骨文记载，温县在商代属于王室贵族的田猎区。

39
商 徙斝
河南博物院藏

同样，在郑州荥阳小胡庄出土有一批有“舌”字铭文的青铜器，以及信阳罗山也发现有“息”字铭文的青铜器，这些都是商代方国的文化遗存。荥阳小胡庄出土的这件舌爵（图 40），仅装饰有三道弦纹，其余不施纹饰，反映了商人的艺术风格正在逐渐消退。息国是商王朝南面的方国，位于中原文化与南方文化交汇的重要地区。这件息父辛鼎（图 41）的纹饰却非常精致，与安阳殷墟出土的器物几乎没有差别，显示了商人高超的青铜铸造工艺。

40

商 舌爵

河南省文物考古研究院藏

41

商 息父辛鼎

信阳博物馆藏

第三部分：周

周人始祖后稷，善于农业耕作，原是商王朝西部的方国。公元前1046年，周武王灭商建立周王朝，史称“西周”。公元前770年，周平王迁都洛阳，史称“东周”。西周共历11代12王，东周共历25王，前后800余年。周人提倡“德治”，以宗法制和分封制为基础，从社会结构和思想观念两个方面构建了一整套完备的礼乐制度，成为整个中国古代社会政治伦理的核心。东迁以后，周王室衰微，丧失了实际控制天下的能力。

诸侯争霸，逐鹿中原，在纵横兼并的过程中，思想和技术广泛传播，文化和民族相互融合，为秦汉时期大一统帝国的形成奠定了基础。

一、成周王城

周王朝的统治中心宗周镐京位置偏西，不能控制殷商旧族广泛分布的东方地区。周成王即位后，令周公选址，在洛邑建立周王朝的东都，举行朝觐、册命、祭典和征伐等重大活动。洛阳北窑墓地是一处西周王室成员贵族墓地，为寻找成周洛邑提供了重要线索。周平王东迁，始建王城，从平王至悼王、赧王共 14 王在此立都。公元前 516 年，周敬王由王城再迁至成周城，直至慎靓王共 11 王居于此地。东周王城作为天子之都，仍是当时规格最高的都城。

1948 年洛阳出土的一对保尊和保卣（图 42），其中保尊收藏于河南博物院，保卣收藏于上海博物馆。这两件器物都是盛酒器，铸有相同的铭文，

42
西周 保尊（左）和保卣（右）
上海博物馆藏

主要记载了周成王举行大祭礼，四方诸侯来朝觐，其中有东国五侯，即东土的五个诸侯，保担任助祭的官员，为纪念此事制作了这件器物。

这种玉器称作“调色器”（图43），整体为卧牛的造型，非常可爱。卧牛的背部有四个圆孔，圆孔可以填放颜料。类似的青铜调色器多有发现，有的调色器里面还残留了红色染料，玉调色器还比较少见。

近年来在洛阳发现了一座等级规格很高的墓葬，有四条墓道，但是大多数器物已经被盗，很多信息已经遗失。这座墓葬发现有一件王鼎（图44），应该是周王所作的器物，年代为春秋早期。根据考古学者推测，这座墓葬可能就是周平王的墓葬，具有非常重要的历史意义。

43

西周 玉牛调色器

洛阳博物馆藏

44

春秋 王鼎
洛阳博物馆藏

齐侯盂是目前所知体形最大的一件青铜盂（图 45），出土于洛阳中州路。根据这件器物的铭文可知，这是齐侯为他的女儿制作的一件陪嫁的媵器，他的女儿应该是嫁给了周王。这件器物的纹饰有着浓郁的周文化风格，腹部装饰波曲纹，四周有四个顾首龙形的装饰。铭文反映了姬姓与羌姓的联姻，以及婚礼中“同姓不婚”的礼制内涵。

45

春秋 齐侯盂
洛阳博物馆藏

洛阳还出土了嵌银的金带钩（图 46），这件器物的等级很高。带钩是束带用具，功能类似于现在的皮带扣，既有实用性又有装饰性，能够代表佩戴者的身份。通过旁边的这件青铜跪坐人像（图 47），可以看到当时的人们是如何使用带钩的，铜人俑腹部的凸起物就是当时人们服装上的带钩。这件铜人像是洛阳金村大墓出土的，洛阳金村大墓被认为是东周的王陵区。因为早年被盗掘，洛阳金村大墓的文物也是四处流散，甚至在日本、美国等国家都能看到洛阳金村的文物。

46

战国 嵌银金带钩

洛阳博物馆藏

47

战国 青铜跪坐人像

上海博物馆藏

二、封邦建国

周王朝为巩固政权，“封建亲戚，以藩屏周”，将同姓贵族、异姓功臣和圣王后裔分封到各地，建立诸侯国。周天子是诸侯的共主，诸侯服从周天子号令，并有定期朝觐、纳贡，派兵随天子出征的义务。随着分封制的推行，礼乐制度在更广泛的地域内传播开来。东周王室衰微，中原成为列国争霸的大战场，形成各具特色的文化圈。

（一）褒封旧族

武王克商，为了笼络旧势力，对先贤遗民采取安抚政策，褒封圣王后裔建立诸侯国。封黄帝之后于祝，封炎帝之后于焦，封尧之后于蓟，封舜之后于陈，封禹之后于杞，封汤之后于宋，保持对历代圣王的祭祀。

陈国是妫姓封国，周武王将舜的后裔胡公满封于陈，即今河南淮阳。公元前 478 年被楚国所灭。由于淮阳这个地区属于黄泛区，黄河改道的淤积层很厚，考古工作难以开展，所以目前还没有发现陈国诸侯国君的墓地。上海博物馆收藏这件陈侯簋（图 48），是早年出土的传世器，弥补了考古发现的不足。

48

春秋 陈侯簋

上海博物馆藏

杞国是姒姓封国，周武王将禹的后裔东楼公封于杞，即今河南杞县。周懿王前后迁入山东，公元前 445 年被楚国所灭。上海博物馆收藏的这件杞伯每亡壶为清道光年间山东新泰出土，反映了杞国迁都的史实。

宋国是子姓封国，周公平定三监之乱后，将商纣王的庶兄微子启封于宋，即今河南商丘。公元前 286 年被齐国所灭。商丘也是地处黄泛区，但是在河南固始侯古堆出土了一件宋公栾簠（图 49），这是宋公栾为他的女儿“句吴夫人季子”制作的媵器。

河南鹿邑太清宫发现的长子口墓，是一座商文化传统十分浓厚的国君大墓。长国国君有的认为是辛甲或箕子，有的认为是微子启。这座墓葬出土的子口寻鼎（图 50）是扁足鼎，造型非常独特。

49

春秋 宋公栾簠

河南省文物考古研究院藏

50

西周 子口寻鼎
河南省文物考古研究院藏

（二）封建亲戚

西周初年实行了两次大规模的分封，以周王室的同姓子弟居多，以起到拱卫王室的作用。河南境内主要的有文王之弟封于虢，文王之子封于蔡、卫，武王之子封于应，宣王之弟封于郑等。鼎簋组合是周代礼器制度的核心，表明周文化“重食”的特质。

文王之弟虢仲、虢叔封于东、西二虢。东虢在今河南荥阳，春秋初年为郑国所灭。西虢在今陕西宝鸡，西周末年迁至河南三门峡，公元前655年被晋国所灭。20世纪50年代和90年代在三门峡进行过两次大规模的发掘，发现西周晚期至春秋早期的虢国国君和贵族墓葬。在这件虢姜鬲（图51）中，虢姜是虢国国君的夫人。

51

西周 虢姜鬲

三门峡市虢国博物馆藏

这里不光出土有很多青铜器，还有很多非常精美的玉器。比如这件小臣系玉璧（图 52），是一件商代的玉器。上面刻着“小臣系”铭文，我们在安阳殷墟商王陵中，也发现过同名的“小臣系”石簋，说明“小臣系”应该是商王的一个近臣。为什么西周晚期的虢国墓地会埋葬商代晚期的玉器？这就要从文献记载的武王灭商说起，灭商之后武王将很多劫掠的商代玉器分赐给功臣，然后由诸侯国君一代代传下去有密切的关系。所以说，这件玉器也是这个诸侯国战功的标志，是作为传家宝代代传承下去的。

在虢国墓地中还出土了金腰带饰(图 53)，这是作为腰带的一种装饰品。在两周之际这种金腰带饰非常流行，在陕西韩城梁带村墓地、山西运城闻喜墓地都有发现。

52

商 小臣系玉璧

三门峡市虢国博物馆藏

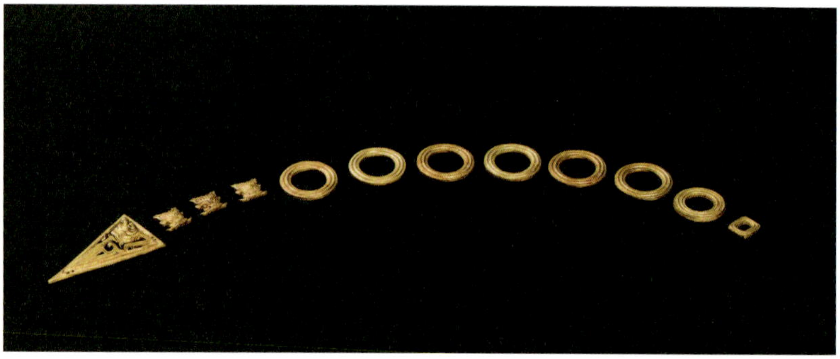

53

西周 金腰带饰

河南博物院藏

蔡国是文王之子、武王之弟叔度的封国，即今河南上蔡县。蔡国战略地位非常重要，为南御荆楚的屏障。春秋时期迫于楚国压力，屡次迁都。公元前529年南迁新蔡，即今河南新蔡县。公元前493年再迁州来，即今安徽首先。公元前447年被楚国所灭。西周时期的蔡国青铜器发现不多，这是上海博物馆收藏的一件蔡侯匜(图54)，是明确的蔡国诸侯国君的器物。

54

西周 蔡侯匜

上海博物馆藏

卫国是武王同母少弟康叔的封国，即今河南鹤壁。范围包括安阳殷墟及其周围数百里，是屏藩周王室的重要支柱。春秋时期，在齐国、晋国与戎狄势力相互胁迫下，一再迁都。公元前241年为秦所取设东郡，卫国名存实亡。浚县辛村墓地和庞村墓地的发现，证明这里是西周时期卫国的中心区域。但是辛村墓地发现的西周青铜器大多流失海外。1936年辉县琉璃阁发掘的甲乙二墓，是春秋晚期卫国诸侯级别的墓葬。比如这件蟠螭纹青铜豆（图55），器形硕大，交龙纹的纹饰特征具有鲜明的时代风格。

应国是武王之子的封国，其地在河南平顶山。公元前7世纪初被楚国所灭。这个诸侯国文献资料记载很少，1986年在平顶山新华区薛庄乡北滍阳村发现有西周早期至春秋早期的应国国君和贵族墓地。这件应公鼎（图56）的年代为西周晚期，但是铭文记载了应公祭祀武王的情况，表明应国

55

春秋 蟠螭纹豆
河南博物院藏

56

西周 应公鼎
河南省文物考古研究院藏

是武王之子的封国，因此以武王作为这一支诸侯国君的始祖，反映了西周宗法制的相关内容。而且在这里还出土了非常具有装饰艺术性的青铜面具（图 57），这种面具主要是作为马具，但是在其他地方很少发现这种造型和样式。

57

西周 青铜面具
河南省文物考古研究院藏

郑国是宣王之弟桓公友的封国，西周末年迁于虢、郐之间建立都城，即今河南新郑。郑国毗邻东周王城，为天下之枢户。公元前375年被韩国所灭。1923年河南新郑李家楼发现郑公大墓，是我国发现最早、保存最为完整的春秋时期诸侯国君墓。但是这座墓葬的青铜器也是流散到了好几处博物馆。比如说最著名的莲鹤方壶，其中一个收藏在北京故宫博物院。还有一些青铜器在台北故宫博物院，河南博物院也有一部分。这件蟠虺纹鼎（图58）是郑公大墓出土最大的一件青铜鼎，被称为“镬鼎”。

58

春秋 蟠虺纹鼎

河南博物院藏

在郑韩故城发现有多座郑国的青铜礼乐器祭祀坑。这些祭祀坑出土的九鼎八簋（图 59），代表了中国古代礼器制度的最高等级，只有天子才能使用九鼎八簋。同时还出土了成组的青铜乐器（图 60），也代表了当时礼制的最高等级。根据文献记载，天子用的是宫悬，即使用的乐器四面合围，诸侯用的是轩悬 ，即三面挂上乐器；卿大夫用的是判悬，即二面挂上乐器；最后是士的特悬，仅有一面挂乐器。乐器的使用方式在当时也有着非常强的礼制内涵。

59

春秋 青铜九鼎八簋

河南省文物考古研究院藏

60

春秋 青铜编钟

河南博物院藏

（三）册命三晋

晋国是武王之子唐叔虞的封国，其地在今山西侯马。春秋时期，晋国西阻秦人东进，南抗强楚，长期以来都是中原的霸主。由于晋国诛杀公族子弟，致使六卿势力坐大，最终导致赵、魏、韩三家分晋。公元前 403 年周威烈王册封赵、魏、韩为诸侯。三晋将势力向中原推进，分别在河南境内建立都城，形成了以三晋为中心的中原文化圈。

魏国是姬姓诸侯国，先祖是毕公高之后裔毕万。三家分晋后，魏文侯率先实行变法，成为战国初期最强大的国家，魏国建都于安邑，即今山西夏县。公元前 364 年，魏惠王从安邑迁都大梁，即今河南开封。公元前 225 年被秦国所灭。汲县山彪镇和陕县发现有战国时期高等级的魏国贵族墓葬。比如陕县发现了这样一组青铜鉴缶（图 61），左边的是方鉴，右边的是方缶。方缶里面盛酒，将方缶放入方鉴内，再向方鉴里加冰，就可以起到冰镇酒的作用。这两件器物不仅具有很强的实用性，而且还有镶嵌绿松石以及错金银的装饰，这种装饰工艺代表了中国古代青铜工艺的第二个

61-2

战国 镶嵌绿松石金银方缶

河南博物院藏

高峰，在金属表面进行装饰的技术已经达到相当高的水平。

赵国是嬴姓诸侯国，先祖是为穆王驾车的造父。赵国建都于晋阳，即今山西太原。公元前425年，赵献侯迁都于中牟，即今河南林州。公元前386年，赵敬侯迁都邯郸。公元前222年被秦国所灭。林州境内发现有赵长城、古城址和贵族墓地，应为赵都中牟的政治中心区域。在林州出土的蟠螭纹的鼎（图62），是三晋文化典型的青铜鼎样式。

韩国是姬姓诸侯国，先祖韩万为曲沃桓叔的庶子。韩国建都于阳翟，即今河南禹州。公元前375年韩哀侯灭郑国，迁都新郑。郑、韩两国先后在新郑建都长达539年。公元前230年被秦国所灭。新郑胡庄发现有战国时期的韩王陵，共有11处28座陵寝，规模宏大。在胡庄韩王陵出土的镶嵌玉、琉璃和金银的带钩体现了韩国国君的身份地位。还有在河南温县出土的盟书（图63），主盟人是韩国的韩简子，这是一部与盟誓制度有关

62

战国 蟠螭纹鼎

林州市博物馆藏

63

春秋 温县石圭盟书

河南省文物考古研究院藏

的文书，它的文字书体也是晋系文字的代表。

（四）周疆南土

周成王封熊绎以子男之田，建立楚国。随着楚国实力逐渐强大，成为周王朝南土最强的劲敌。周王朝在汉水流域建立“汉阳诸姬”，在南阳盆地分封许、吕、申等姜姓诸侯国作为抵御楚人北进的屏障。同时，淮河上游分布的许多嬴姓小国也对周王朝的统治产生一定的威胁。长期的对抗关系促进了南北经济和文化的交流。汉淮诸国最终都被楚国所灭，形成了以楚国为中心的楚文化圈。

楚国为芈姓诸侯国，始都丹阳，即今河南淅川。公元前689年楚文王迁都于郢，即今湖北荆州纪南城。直到公元前278年秦将白起拔郢，楚国在此建都达400余年。数百年间楚人一直致力于北上，楚成王奄有江汉，不断兼并周边各小诸侯国。楚庄王问鼎中原，大败晋国称霸天下，开创了楚国最鼎盛的时代。淅川下寺、和尚岭、徐家岭墓地，驻马店上蔡郭庄墓地，新蔡葛陵墓地，信阳长台关墓地等，都是楚国王室贵族墓地。

信阳长台关楚墓出土的竹简（图64）保存情况较好，上面的文字非常清晰。主要记载了当时墓中随葬器物名录，一般将这种文书称为“遣册”，它的文字书体也是楚系文字的代表。

在城阳城楚墓还出土有彩绘漆木案（图65），这是实用器，体形较大，转角和四足都是青铜配件，漆案上面有彩绘的涡纹装饰。这种漆器在中原地区很难保存下来，通常多发现于长江流域地区。只有在河南南部的信阳一带，由于地处淮河流域还能是有所保存，再往北就很难看到了。

淅川下寺二号墓出土的王子午鼎（图66），是楚式鼎的标准样式。鼎的口沿上有两个外撇的长方形耳，腰部比较收束，又称这种鼎为束腰鼎。文献记载“楚王好细腰，宫中多饿死”，所以这件器物有很强的楚文化因素。王子午鼎的装饰非常繁缛，腹部满饰各种蟠虺纹，器壁上攀附有六条卷曲的龙。楚人重巫术，在楚文化的艺术装饰中有很明显的体现，可以看到上面的龙与中原地区龙的造型并不一样。在器内铸有铭文，铭文显示这件器物的主人是楚国的宗室子弟王子午，他是楚庄王之子，楚共王的弟弟。

淅川徐家岭楚墓出土的小口鼎（图67）是一种水器。根据铭文记载，被称为“沐鼎”或“汤鼎”，可能是用来烧热水的。淅川下寺墓地、和尚岭墓地和徐家岭墓地属于同一个家族，就是楚国王室的分支薳氏家族。这

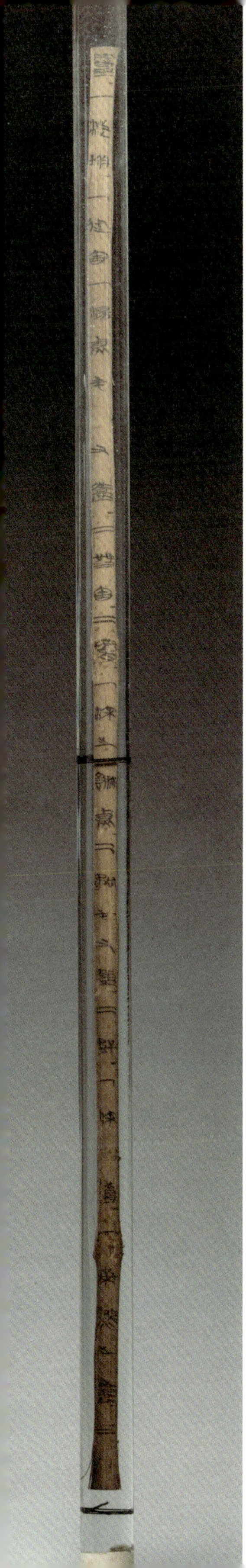

65

战国 彩绘漆木案

城阳城遗址博物馆藏

66

春秋 王子午鼎

河南博物院藏

67

春秋 汤鼎

河南博物院藏

件汤鼎的肩部铸有一圈铭文，内容是目前所知最早使用二十八星宿纪日法的天文学资料，具有很高的研究价值。

淅川徐家岭楚墓还发现一对非常精美的镶嵌绿松石的青铜神兽（图68），整体造型就是一个吐舌的怪兽，怪兽头上有龙角，背部还站立一个小怪兽，口中嗡咬着一条小龙。它们的具体功能目前还并不太明确，根据学者推测应该是作镇墓兽使用的。这对神兽的结构非常复杂，整体可以拆分成五个配件。

68
春秋 镶嵌绿松石青铜神兽
河南省文物考古研究院藏

城阳城楚墓出土的鸟形柱首镂空龙纹方座器（图 69），造型十分独特。在绍兴坡塘 306 号墓中，也发现有类似这种样式的鸟柱首方座形器。所以这件器物可能与东南地区的吴越文化有比较密切的关系，反映了墓主人可能是来自于吴越地区的女子。

许国是姜姓诸侯国，成王封许文叔于许，即今河南许昌。春秋时期受到郑国逼迫南迁，成为楚国附庸。河南叶县旧县发现了四号墓，根据器物铭文推断为许灵公之墓。这座墓出土的青铜鼎是典型的楚式鼎，与王子午鼎非常接近，可知许国受楚文化影响很深。还出土了一件四联璜玉组佩（图 70），这种玉组佩是当时专门用于丧葬的一种敛玉。

69
春秋 鸟形柱首镂空龙纹方座器

70
春秋 四联璜玉组佩
平顶山博物馆藏

汉淮地区历来是上古族群交错聚居之地，既有复杂的历史渊源，又有错综的文化形态。在长期的列国争霸战争中，这些小国大部分为楚国所吞并，融入到华夏民族之中。在信阳出土有西周早期的父乙角（图 71）。这件器物纹饰十分华丽，上面的犀牛首造型的装饰比较少见。说明在当时的中原地区，犀牛也是比较常见的动物。

71

西周 父乙角
河南博物院藏

淮河流域发现了黄国、番国、樊国、养国等小诸侯国的青铜器，比如说黄子鼎（图 72）、樊军盆（图 73），呈现出不同的地域文化特色。

72

春秋 黄子鼎
信阳博物馆藏

73

春秋 樊军盆
信阳博物馆藏

结语

中原大地作为夏商周三代王朝的建都之地，又是战国七雄争霸天下的主战场。见证了中国古代社会政治的重大变革，见证了多民族交流融合的伟大时期，见证了中华文明形成发展的重要历程。在这个动荡的年代，各种学术思想激烈交锋，为天下统一提供蓝图。人才的流动加速了变法革命，促进了地区经济的迅速发展。来自卫国的商鞅以法家之思想改革秦国政治，终使秦国统一六国，结束了长达数百年诸侯割据纷争的局面，开启了中华民族大一统的帝国时代。

在“宅兹中国”最后一个展厅，展示了上海博物馆收藏的商鞅方升（图74）作为整个展览的结束。商鞅方升上面有两篇铭文，一篇是记载秦孝公十八年（前344），商鞅任大梁造时，实行变法统一度量衡制作了这件器物，另外刻有“重泉”两字代表地名，表明器物最早是在陕西蒲城使用。另外

74

战国 商鞅方升
上海博物馆藏

一篇铭文则是秦始皇二十六年，又加刻的一道诏书，申明商鞅变法的度量衡法制要一直沿用，加刻地名为“临”，指的是山西临县，表明这件器物的使用已经换了地点。这两篇铭文说明虽然时代变迁、地点更换，但是商鞅变法的成果并没有因为国君的更换而废弃，从秦国到秦始皇建立大一统帝国后仍在沿用。这也是秦国为什么能从一个小国一跃成为战国七雄中最强大的国家，并最终统一六国的最坚实的文化基础。

通过“宅兹中国”展览所展陈文物的具体细节和历史背景，观众可以看到，文物的背后潜藏着这么多文化信息，很多看起来冷冰冰的、高高在上的器物，也曾经是古人的生活用器，是古人的日常所涉之物。很多贵族拥有的东西，今天也成为人们走进历史的载体，带来无尽的思考。放眼更大的时代背景，会有更多的感受。

扫码观看《宅兹中国——河南夏商周三代文明展》现场内容

第四讲

张珮琛

上海博物馆研究馆员

国家级非物质文化遗产代表性项目『青铜器修复及复制技艺』代表性传承人

丁忠明

上海博物馆文物保护科技中心副主任 研究馆员

黄 河

上海博物馆副馆长

研究馆员

上博金属文物保护修复的传承与创新

文物保护，是为保存文化遗产物质遗存及其历史环境进行的全部活动。在公众眼中，“文物保护工作者”是一个“神秘”而“小众”的群体，他们身处幕后，默默耕耘，甘于奉献，择一事终一生。文物修复师的精神特质是什么？文物保护的主要内容有哪些？文物保护工作如何顺应时代发展？以上海博物馆的金属文物保护修复工作为例，我们来尝试着给出一些答案。

一、文物修复，不仅仅是传承技艺

上海博物馆于1958年设立文物修复工场，成为国内最早建立的文物修复机构之一。修复工场主要分为青铜器修复、陶瓷器修复、竹木器修复、书画装裱、书画复制等工作组，其中擅长青铜器修复的有王荣达、黄仁生、顾有楚等。经过师承制的代代相传，秉承“敬业、精益、专注、创新”的匠人精神，上博目前已拥有三十余人的文物修复与复制团队，2个国家级非物质文化遗产代表性项目和9个上海市非遗代表性项目（截至2024年底）。其中，“青铜器修复技艺”于2015年入选第五批上海市非遗项目，“青铜器修复与复制技艺”于2021年入选第五批国家级非遗项目。

1958年至今，上海博物馆的青铜器修复团队已为本馆和国内各省市博物馆、考古所、高校以及海内外著名收藏家修复与复制了上万件青铜文物，其中包括大量国宝级重器和列入“全国十大考古新发现”的文物等。

1. 传承与技艺

中国传统青铜器修复与复制技艺源远流长。宋代金石学带动了这种技艺的兴起与发展，并逐渐在不同地域衍生出不同的技术流派，上海博物馆被列入第五批国家级非物质文化遗产代表性项目名录的“青铜器修复与复制技艺”也带有显著的地域特点。早在中华人民共和国成立之前，上海地区的青铜器修复与复制技艺水准已在全国享有盛誉，之所以能在当时的上海孕育与发扬，得益于当时这座远东第一大都市海纳百川的地理和文化优势，大量的珍贵文物与相关人才汇聚于此，使文物修复行业得以蓬勃发展。1949年后，各行各业都站到了新的起点上。上海博物馆于1958年组建国内首批文物修复和复制团队设立文物修复工场，通过招贤纳士，将流散在民间的修复能人巧匠汇聚一堂。王荣达作为业内高手之一，于同年被聘入上海博物馆，自此成为技术特色鲜明的上海博物馆青铜器修复与复制技艺的创始人。

为了确保技艺的有序传承，上海博物馆内部在修复团队组建之初就确立了师徒制。在这60多年的发展过程中，上博青铜团队已经传承了4代人，纵观这一薪火相传的历程，每一代传承人都各有特色，在传统的基础上不断融会贯通，推陈出新，使这门技艺始终保持着活力，为大量青铜文物的研究、保存和展示利用做出了贡献。

上海博物馆的青铜器修复与复制技艺主要包括清洗、除锈、矫形、拼接、刻纹、翻模、铸造、配缺、打磨、做色、做旧等十余道工艺环节。每一道工艺都采用科学合理的方法和材料，使文物的寿命得以延长。艺术性与学术性并重，正是上海博物馆青铜修复和复制工作最突出的特点。上海博物馆的研究力量为修复师掌握不同时代的青铜器特点提供了支撑，同时也对青铜器修复和复制工作提出了学术性要求。传统古玩行当里存在一些有损文物安全和改变文物原始信息的做法。从王荣达开始，便从文物的本体安全和保留出发，摒弃了那些不再适用的旧工艺，并在修复过程中注重揭示和保留青铜文物的原始信息，为研究者解读青铜器的工艺与艺术特点创造了有利条件。

在青铜器修复的翻模过程中，复杂精巧的分块模无疑是最体现修复师高超的模具制作技艺的。分块模又称石膏分型模具，主要是指在布满纹饰的不规则的器物上，根据器物形体的起伏与角度，合理设计分型面。运用镶块、滑块、抽芯等分型方法可以使硬质石膏外模更容易活取脱模，形成既可拆散、又能组装的石膏模具。器型越复杂，对模型的分型要求越高。操作人员需熟悉和掌握石膏的特性，反复练习，才可以灵活使用，变化无穷。上博馆藏商晚期鸮卣敛口鼓腹，通体纹饰，造型复杂，器壁轻薄。最终通过巧妙的计算与操作后，分型石膏模数量达60片之多，使鸮卣的每一个细节都得以完美表现（图 1）。

2. 探索与创新

随着时代的发展进步，高新科学技术不断涌现，文物修复师们大胆尝试、小心求证，成功地将一批新技术新材料应用到文物保护工作之中。通过与馆内文物科技保护团队的合作，文物修复师们在国内率先应用超声波除锈、复合材料翻模、激光焊接、激光清洗、3D 打印等技术，发明矫形专用装置、申请无氯焊剂专利等，为传统技艺注入了更多的科技含量，使上海博物馆的这项技艺能够脱颖而出，成为业内亮点。

1

商晚期 鸮卣的石膏分型模具

上海博物馆藏

清洗是金属文物保护修复的第一步。上博馆藏清代积光佛母铜像采用了泥金工艺，表面布满深色沉积物，可能是尘垢、香烛煤烟等的混合产物（图 2）。青铜佛像表面的金层非常脆弱，不适合使用传统的机械手段；化学试剂可以溶解部分沉积物，但作用缓慢且过程不可控；经过对比试验研究，最终采取了激光清洗的方法。

激光是一种高能量的光束，材料对激光的吸收越强，就越容易被去除；吸收弱、反射强时，就不容易受到激光的影响。文物激光清洗利用的正是材料对激光的吸收差异，具有"选择性"的特点。同时，激光清洗还具有高精度（光束可以调节，一般影响到几个毫米的范围）、低侵入（没有去除化学试剂残余的需要）等超越传统清洗方法的优势。

修复师在清洗时使用了 1064nm 近红外激光，这种波长的激光能量密度较低，对文物基底没有损伤。显微视频显示，佛像表面沉积物对激光的吸收强，仅需 1~2 次脉冲就能快速去除区域内的沉积物；等到达金层时，激光几乎全部被金层反射，自动终止了作用。未清洗的文物和已经清洗完的对比明显，效果非常直观（图 3）。整个激光清洗过程高效、安全，重现了文物原本的光彩。

2

清 积光佛母像
上海博物馆藏

3

积光佛母像的激光清洗效果

数字化科技日新月异，越来越多的文物三维数字化技术和传统文物保护技术相结合，为文物保护修复和研究工作提供了有力的支持。文物三维数字化技术包括三维激光扫描技术、近景摄影测量技术、三维打印技术及增强现实（AR）辅助修复技术等。

随着人工智能（AI）技术的不断发展，更多的科技检测数据可以结合其中，例如：器物的成分、壁厚、腐蚀情况等，依靠AI大量学习积累和算法分析，建立增强现实（AR）辅助文物清理系统，三维引擎实时修复助手和文物修复应力模拟系统，使得AI可以为变形文物的矫形概率提供一个可行的矫正参数和方法，为修复专家提供更为直观的文物残缺部分图像，提高了修复的准确性、可靠性，也使得文物修复工作更具有效率（图4）。

4

增强现实（AR）辅助系统的可视化文物清理与修复界面

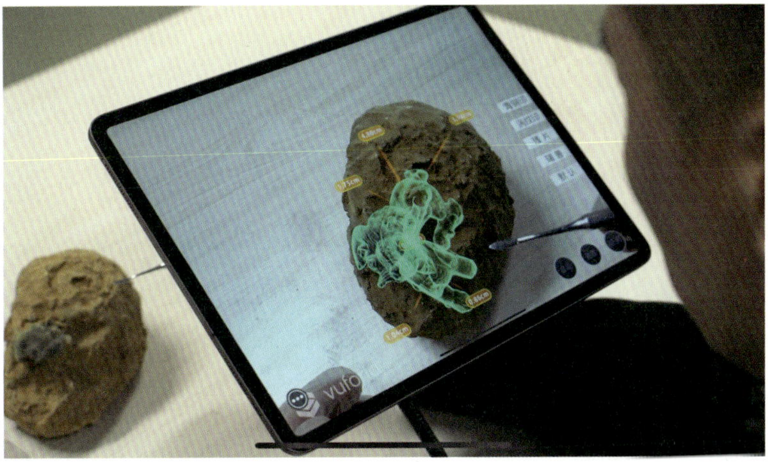

其中，X射线CT检测与AR技术的结合，不仅可以对前期出土文物的清理、保护及修复方案的制定提供更为准确与直观的依据，也为后期修复师实际修复操作带来更多便利，避免了仅凭经验的操作而对文物带来的修复隐患。南京市高淳区春秋土墩墓出土的绳纹青铜鼎（图5），就是很好的

5 南京市高淳区夏家塘春秋土墩墓遗址考古发掘出土的绳纹青铜鼎

修复案例。南京市考古研究所对该遗址进行了发掘，土墩墓为一墩多墓，出土了铜鼎、铜锛、铜箭镞、瓷碗、瓷钵、陶罐等随葬器物，其中5座墓铺设有石床，在江苏地区为首次发现，对于研究宁镇地区春秋时期的青铜文化及当时的政治结构具有重要的意义。

由于墓室坍塌，使得青铜鼎身受到严重挤压变形后出现断裂。鼎身整体锈蚀严重，被泥土和石床上的石片包裹。通过CT断层扫描发现，鼎的碎片、鼎腹内泥土与石片完全粘连板结在一起。三足不同程度的断裂，碎片深陷鼎腹泥土中，鼎腹底部有较为特殊的“丰”字形铸造痕迹，但鼎腹较薄，与腹内泥土与腹外石床边界影像分离度较弱，病害情况较为复杂（图6）。

CT影像使我们看到了多材质混合的青铜鼎内各物体间的结构和关系。在常规出土文物清理过程中，一般采用由外至内，多点局部试探性剥离，再逐渐连接成面深入的方法。随着增强现实技术的应用，给原本看图凭经验清理的形式带来了全新的改观（图7）。CT图像不仅观测到器物的位置，

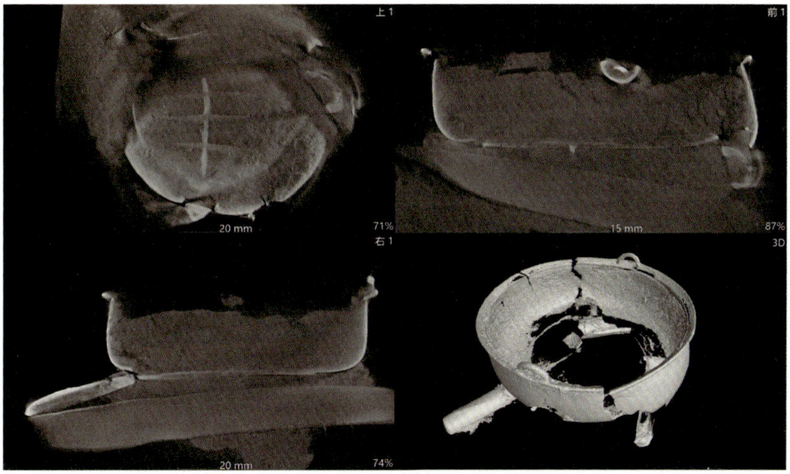

6 绳纹青铜鼎的CT四视图

7 CT数据导出的三维图像

还可以根据青铜、泥土和石头等不同材料及不同密度，呈现有差异的灰度。通过软件将这三者的灰度在图像上强化，通过手动分离将各自独立编组成为独立选区，并以各自的材质显示，鼎腹内的泥土采用蓝色果冻状材质标识，便于鼎内残足和碎片的寻找与辨识，也为此件青铜鼎的文物修复方案的制定与实施提供了有力的依据（图8）。

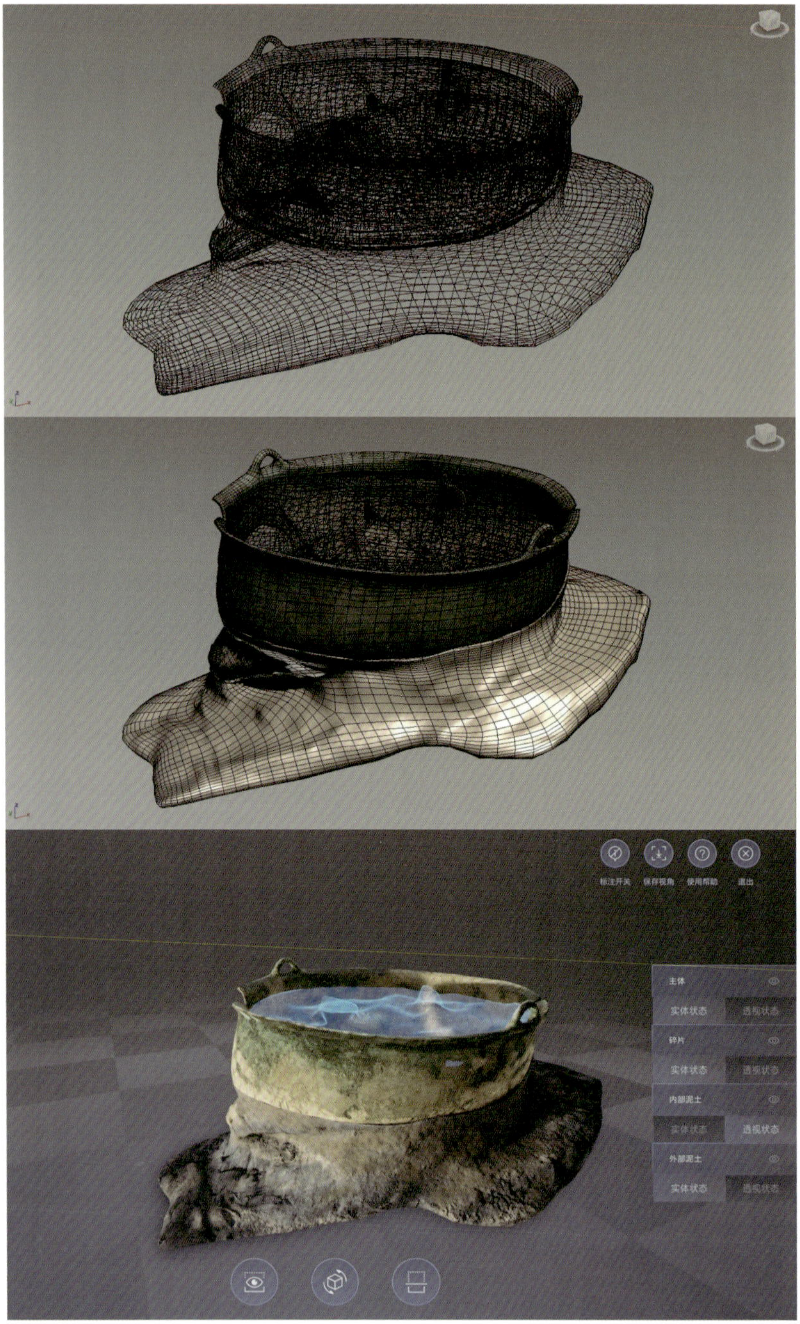

8

CT数据导出后在3D建模软件中生成可视化的AR效果

针对这件病害情况复杂的“包裹混合物”，尝试将CT采集的原始数据导入AR技术，并通过软件制作与可穿戴AR设备配合，给文物修复师提供一个更为清晰而直观化的可视空间，为文物修复方案的制定、碎片提取以及不同材质附着物的分离提供更为精确的数据支持，也为后期科普与展陈提供可视化创作空间。这样的修复形式对于AR影像与实际文物结合的“黏性”以及互动性要求较高。

AR设备作为人工智能的延伸，需要更多信息采集才能更好地理解环境和人的意图。佩戴上AR眼镜后，透过双层透明的镜片，可以清晰地看到眼前的一切实景。随着头部的移动，当青铜鼎实物进入AR眼镜可视范围内，计算机渲染的虚拟鼎即在内层镜片中被激活播放，并与实物青铜鼎锁定。此时目之所及，虚拟鼎与实物鼎是高度吻合的。视觉错觉使得鼎腹内的泥土呈现蓝色“果冻”状态，“果冻”内叠压、悬浮的青铜碎片和残足清晰可见。此时，修复师就可以戴着AR眼镜，双手开始有计划地开展清理寻找与分离提取工作。由于视觉可见的残片位置，使得提取碎片工作变得分外轻松和安全。还可以在修复过程中通过手势与眨眼指令调动拍照、视频录制模块，记录眼镜中的一切细节，作为文物修复档案保存与研究，甚至可以通过网络多人联机，实现远程文物病害会诊、方案制定与修复研讨（图9）。

在AR技术辅助下，通过修复师精心操作，终于安全地将青铜鼎与底部石床分离，鼎腹底部特殊的“丰”字形铸造痕迹得以清理，并准确地提取出鼎腹内10片断足与残片（图10）。鼎身轻薄断裂但仍有部分金属弹性，通过适当加热加压的矫形方法，使得断裂的鼎身得以合拢。碎片的拼接采取黏接方式，保证了轻薄的胎体在恢复的同时，不会承受过多的修复应力（图11）。修复完成后，在其鼎耳上还清晰地发现了少见的焚失法铸造痕迹（图12）。

9 文物修复师通过AR眼镜工作看到的影像

10

AR技术辅助提取绳纹青铜鼎腹内碎片

11

绳纹青铜鼎修复后

12

绳纹青铜鼎耳部的焚失法铸造痕迹

二、文物保护，不仅仅是文物修复

文物修复是文物保护工作中较为公众所熟知的部分，但绝不是全部。价值研究、年代测定、病害诊断、环境监控、本体修复、复制仿制、日常养护等，这些工作都属于文物保护的范畴。总的来说，文物保护的主要内容可以分为三大部分：检测分析、本体修复、预防性保护。

如果把文物修复师比作医生，那么从事文物保护工作的机构就像是一座“文物医院”。一个病人去医院，医生首先要开各种化验单，通过检验报告来判断患了什么病，这是诊病的过程。随后医生会对症下药给病人开药方，这是治病的过程。有时病人可能会多问一句，我这个体质特别容易生病，该怎么办？医生回答平常要注意锻炼增强体质，顺便可能会给病人开点膏方，调理一下身体，这是防病的过程。文物其实和人一样，也同样拥有生命。在文物保护工作中，检测分析就是诊病，本体修复就是治病，预防性保护就是防病。

上海博物馆于1960年设立“文物保护科学实验室”，成为国内文物博物馆系统最早建立的文物保护科学技术研究机构之一。1988年起，实验室承担行使“文化部文物保护技术上海检测站”的职责，并于1990年更名为“文物保护与考古科学实验室”。2015年，上海博物馆整合资源成立文物保护科技中心，一座“文物医院”应运而生。前面已经介绍了金属文物的修复工作，现在来讲讲金属文物的检测分析和预防性保护工作。

1. 检测分析

在文物研究中，检测分析扮演着至关重要的角色，其主要目的有两个：一是深化对文物价值的认知和阐释，即通过研究文物的制作工艺、揭示隐匿信息、鉴别真伪等，帮助科学评判文物价值；二是病害诊断与保护修复方案的制定，即通过识别文物病害的种类、评估病害的性质和程度，帮助制定科学的文物保护修复方案。

1997年，正值香港回归祖国前夕，一件春秋早期的晋国青铜重器——子仲姜盘，由爱国企业家叶肇夫先生慷慨捐赠给了上海博物馆（图13）。这件青铜盘器形硕大，风格古朴，展现了晋国青铜工艺的浑厚与精深。盘口沿的攀龙仿佛在注视着盘内的一切；圈足下的爬虎如负重物，四足弯曲，栩栩如生；盘内的圆雕鸟，雌雄各异，细节之处逼真至极：雄鸟威武有冠，前胸平坦，尾翘起较平缓；雌鸟娇小灵动，前胸鼓起，尾部上翘，体现了工匠对自然界的深刻洞察，制作时也是一丝不苟（图14）。

令人称奇的是，这件距今2700年的青铜盘，其内部圆雕动物竟能实现360°旋转。通过CT检测发现，这些圆雕动物采用了两种不同复杂度的转轴设计（图15）。鸟和鱼的转轴设计复杂——转轴的下侧为圆柱体与盘底铸接，中间有凸轮防止圆雕动物从轴上拔出，上侧是圆锥体，其尖顶部

13

春秋早期 子仲姜盘

上海博物馆藏

14

子仲姜盘附件

a 攀龙

b 爬行虎足

c 雄鸟

d 雌鸟

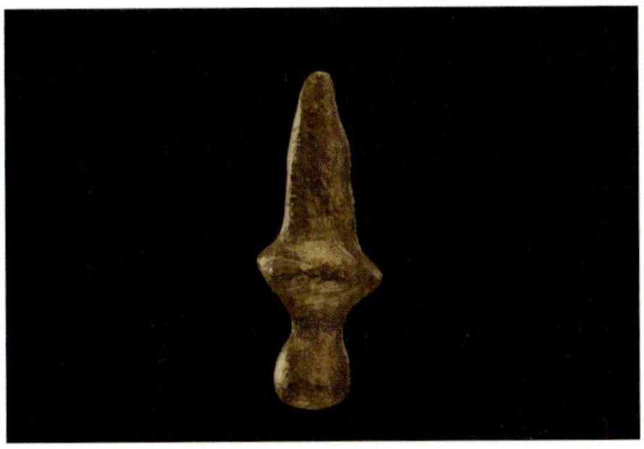

a 鸟和鱼体内复杂转轴结构

b 青蛙体内蘑菇形转轴结构

15

子仲姜盘圆雕动物内部两种转轴的CT三维渲染图

与圆雕动物背脊内侧设置的卯口相配合，用以限制圆雕动物旋转时向四周摆动，确保了旋转的稳定性（图16、17）；青蛙则采用了简单的蘑菇形转轴——转轴上侧为较大半径的半球形蘑菇头（对应青蛙内壁没有相应卯口结构），仅用以防止青蛙从轴上拔出，其稳定性稍逊，却体现了工匠在满足艺术需求前提下，更注重制作的便捷性原则（图18）。

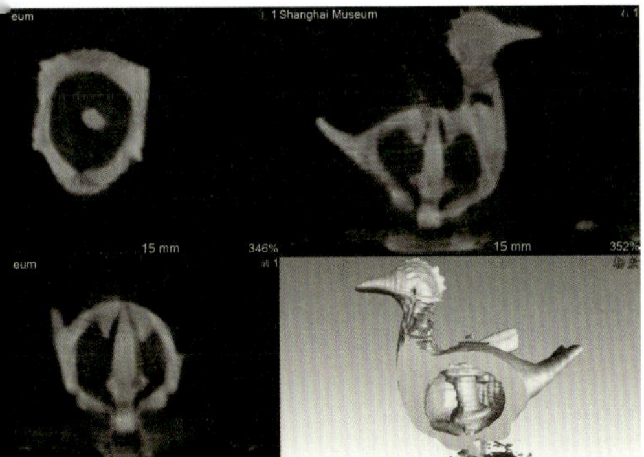

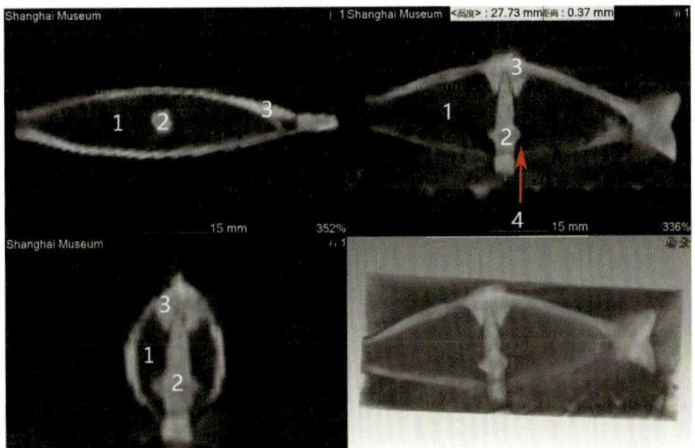

17

子仲姜盘内鱼的CT四视图

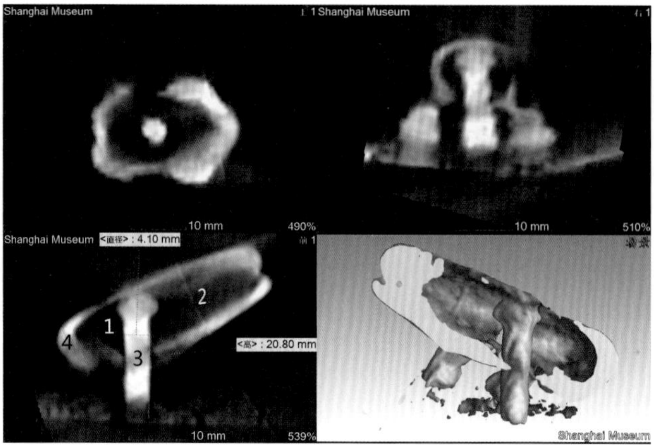

18

子仲姜盘内青蛙的 CT 四视图

青蛙何以能使用简单型转轴？首先，青蛙的背部较宽，能容纳体型较大的半球形蘑菇头转轴；其次，青蛙的形态为蹲伏状，可保持重心在后半部，旋转时能保持平稳。但从检测结果发现，在旋转时青蛙的转轴难免会向四周摆动，使其周围的陶范有较多磨损。

CT 检测还揭示了子仲姜盘内部设计的精妙。圆雕动物均匀分布在三个同心圆上，并形成 45° 角的对角线布局，展现了工匠对空间布局的精心设计和对称美学的极致追求（图 19）。设计上的优先级清晰可见，圆雕动物位居首位，其次是铭文，最后是浮雕动物，这一布局凸显了圆雕动物在整体设计中的核心地位。

通过对子仲姜盘的深入分析，不仅更加理解其艺术和科学价值，而且通过基于 CT 数据的视频动画，将这些价值生动地展现给公众。这样的展示既增强了公众对传统文化的自信，也提升了民族的自豪感，为传承和弘扬中华优秀传统文化提供了有力的支撑。

受保存环境的影响，青铜器会产生多种类型的锈蚀产物，往往难以用肉眼辨别，需要借助科学仪器准确鉴别锈蚀物的化学结构。拉曼光谱是一

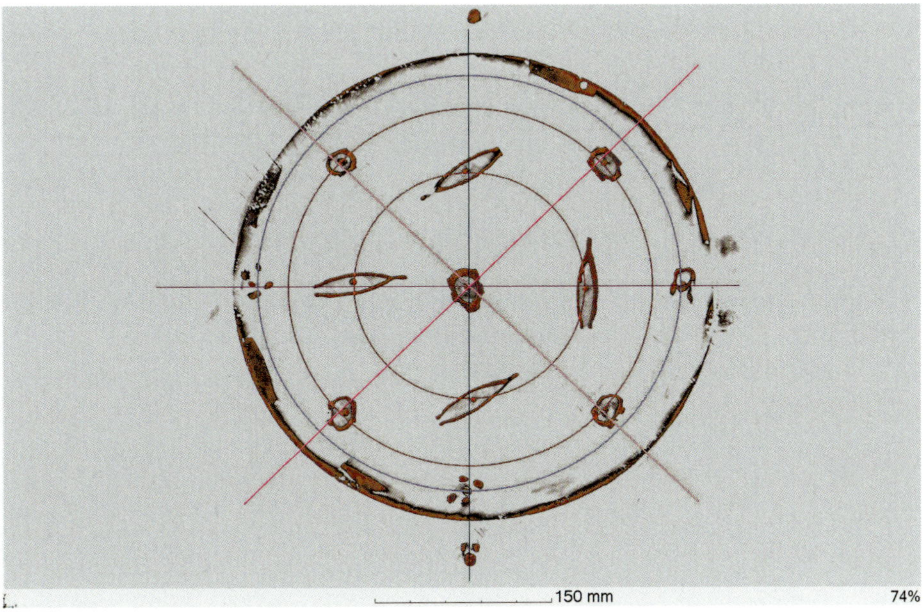

19 子仲姜盘底部的 CT 俯视截面示意图

种较为成熟的结构分析方法，近年来已经较为普遍地应用于文物病害诊断。拉曼光谱是一种散射光谱，通过分析分子振动、转动方面的信息，来确定分子结构。它最大的优势是可以实现原位分析，不用采样，是一种“无损”的分析方法。

对一件铜镜残片样品表面不同区域的绿色锈蚀产物进行拉曼光谱分析（图 20），发现深绿色的是碱式碳酸铜，这是一种较为稳定致密的锈蚀产物，在不遮盖文物铭文、纹饰等信息的情况下可以保留；浅绿色的“粉状锈”是碱式氯化铜（图 21），这是一种会继续生长、对青铜器造成持续破坏的锈蚀产物，被称为青铜器病害中的“癌症”，在后续的修复工作中必须彻底清除。

20 铜镜残片样品

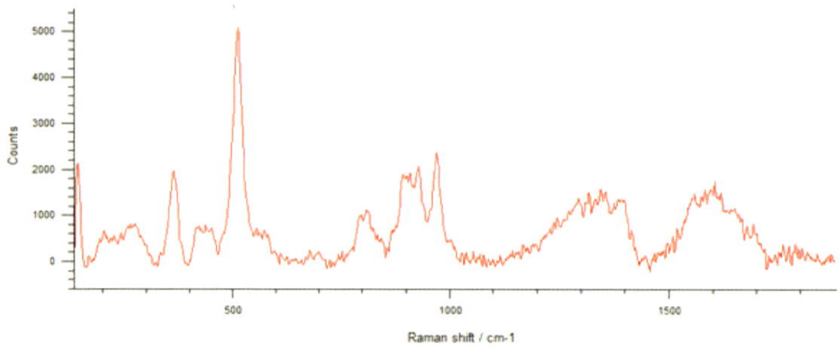

21 铜镜残片样品表面浅绿色锈蚀产物的拉曼光谱分析图谱

2. 预防性保护

1930年，在意大利罗马召开的艺术品保护国际研讨会上，第一次提出了“预防性保护”的概念，但这项工作在我国的起步较晚。2002年，国家文物局组织开展了“全国馆藏文物腐蚀损失调查”。结果显示，超过半数的文物存在着不同程度的腐蚀情况，文物预防性保护工作逐渐受到重视。2005年，上海博物馆获批成为馆藏文物保存环境国家文物局重点科研基地，开展了大量科学研究与应用示范，推动了文物保护工作从“抢救性保护”向“预防性保护”转变。

文物预防性保护，即通过有效的管理、监测、评估、调控，抑制各种环境因素对文物的危害作用，使文物处于一个“稳定、洁净”安全保存环境，达到长久保存文物的目的。“稳定”，是指保持文物保存环境在适宜指标下的平稳性，防止相对湿度、温度等因素出现较大幅度的波动，“洁净”，是指控制文物保存环境中的特征污染物浓度处于安全阈值以内。

有的时候观众会问，博物馆里为什么这么冷？有些展厅为什么这么暗？其实这些设定背后都有科学依据，其目的是保障文物的安全。

物体的温度每升高10℃，其化学反应速度通常会增加2~4倍，因此低温保存往往对文物较为有利，但也有例外。对于锡这种金属来说，在温度低于13℃时，它的结晶点阵会重新排列，从有金属光泽的白锡变成质地松脆的灰锡，并且通过接触会传染，被称为“锡疫”。

人体对温度较为敏感，因此人居环境中的舒适性空调，都是以调控温度值为目的的。但相较于温度，湿度对文物的影响作用更大。上海博物馆的展厅和库房中使用的是恒温恒湿精密空调，其工作原理是以湿度控制为优先的。湿度分为绝对湿度和相对湿度，金属文物的相对湿度理论上是越低越好，一般来说宜低于45%RH。当相对湿度较高，且青铜器中有氯离子存在时，会诱发生成“粉状锈”；高湿状态下，铁器也会生成泪滴状的β-羟基氧化铁（图22）。这些都是不稳定的锈蚀产物，如不及时处置，会对文物造成持续危害。

大家生活中佩戴的银镯子、银耳环等饰品，过一段时间就容易发黑。这是因为银这种金属对光照和含硫的污染气体比较敏感，如果两者同时存在，更是会产生协同作用加速银器老化，导致其变色发黑、失去光泽（图23）。在博物馆陈列中，银器的照度标准值应低于150lx，展柜内的污染气体也是需要严格控制的。

2017年，“大英博物馆百物展：浓缩的世界史”在上海博物馆举办（图

22

铁器样品表面的β-羟基氧化铁锈蚀产物

23

光照和硫化物导致银器样品变色失光

24)，引起了轰动的社会效应。100 件文物的时间跨度和地域跨度大，材质类型也丰富多样，大英博物馆对每件文物的展出环境都有严格的标准，其中要求展品“阿拉伯铜手”的相对湿度在 35%RH±5%RH（图 25）。展览的展期从 6 月底到 10 月初，其间上海会经历高温日和台风天，要把湿度控制到如此低的范围内是一个挑战。

在实际工作中，我们从设计结构上提升了展柜的密封度，使用国内自主研发的免加水调湿器对柜内湿度进行调控，并布设了无线传感器开展 24 小时连续实时监测。监测结果表明，“阿拉伯铜手”展柜内的相对湿度被有效控制在 33%~36%RH，完全满足大英博物馆提出的严格要求。从整个展厅的湿度场分布来看，每个展柜的相对湿度都实现了独立精准调控，达到了高质量的国际博物馆借展环境标准（图 26）。

24

大英博物馆百物展在上海博物馆举办

25

公元 300 年左右　阿拉伯铜手

大英博物馆馆藏

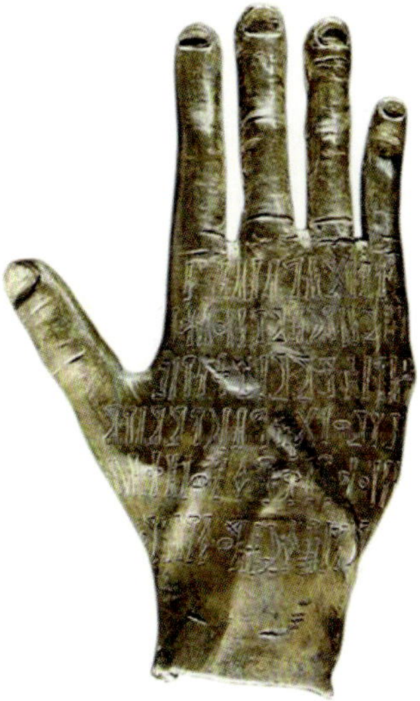

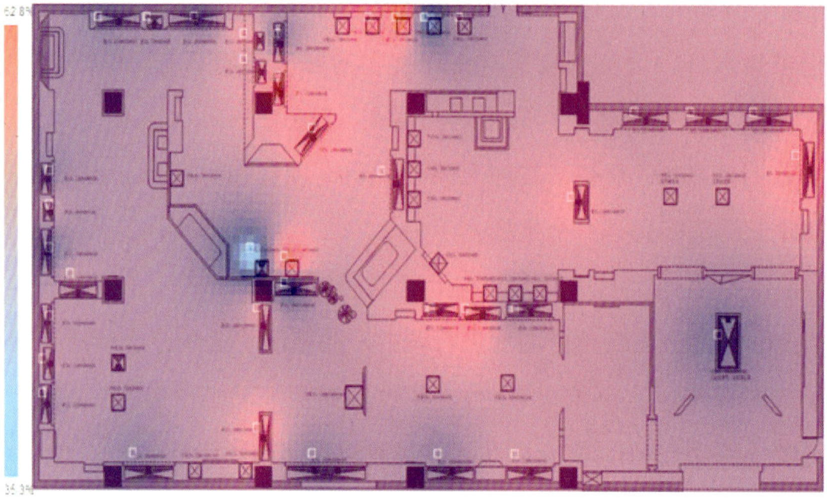

26 大英博物馆百物展展厅湿度场分布图

三、学科发展，不仅仅是独善其身

文物保护是一项应用科学，它以自然科学为主，又与社会科学和人文科学紧密结合。2022 年 7 月 22 日的全国文物工作会议，提出了“保护第一、加强管理、挖掘价值、有效利用、让文物活起来”的新时代文物工作方针。8 月 24 日，在捷克布拉格举行的第 26 届 ICOM 大会上，通过了博物馆的新定义:“博物馆是为社会服务的非营利性常设机构，它研究、收藏、保护、阐释和展示物质与非物质遗产。向公众开放，具有可及性和包容性，博物馆促进多样性和可持续性。博物馆以符合道德且专业的方式进行运营和交流，并在社会各界的参与下，为教育、欣赏、深思和知识共享提供多种体验。”文物保护工作者不仅要具备过硬的专业能力，也要有服务全局、融合发展的意识和态度，使文物保护与文物学、艺术史、考古学、博物馆学等学科充分互动、相辅相成，产生良好的化学反应。

青龙镇遗址是“2016 年度全国十大考古新发现”，位于上海市青浦区白鹤镇，是上海城市历史的重要发现，是千年上海城镇发展的珍贵实证，考古出土的大量贸易瓷和隆平寺塔遗存进一步佐证青龙镇是唐宋时期海上丝绸之路的重要港口之一。2016 年 9 月，在对隆平寺塔基地宫进行考古发掘时，出土了一批文物，被连夜运送至文物保护科技中心。

一件覆盖着铁锈的铁函在这批文物中显得尤为引人注目，其外观保持良好的密封性，且手感沉重（图 27）。为了避免可能对文物造成的损害，研究人员并未急于开启铁函，而是首先对其进行了原位 X 射线 CT 检测，以获取铁函内部文物的详细信息及其开启结构。

27

青龙镇隆平寺塔基地宫出土铁函

CT 检测结果清晰地显示，铁函内包含两层套函的结构，根据形状及灰度值，推测中间层为木椁，而内层则为金属材质的棺，并在金属棺内发现了一尊贴金的木佛像（图 28、29）。在铁函与木椁之间，有一个金属瓶，以及大量散布在木椁上和金属瓶内的穿孔珠子。特别值得注意的是，金属瓶最底下有 4 颗无穿孔的圆形珠子，其中一颗密度较高，其余与穿孔珠子相似（图 30）。金属棺与木椁之间有液体存在，液体在器壁两侧较高，中间形成下凹，显示出表面张力的现象。检测还发现，铁函采用子母口设计，但因为锈蚀，盖子与主体粘连，导致无法直接开启。

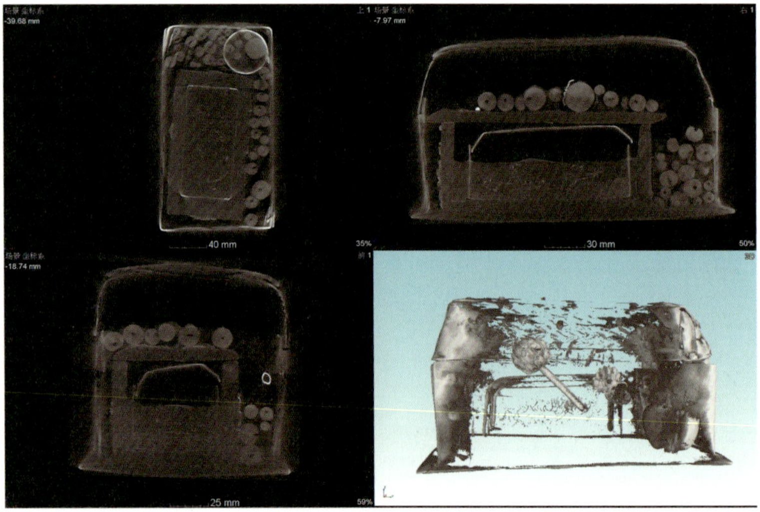

28

铁函内套函的 CT 四视图

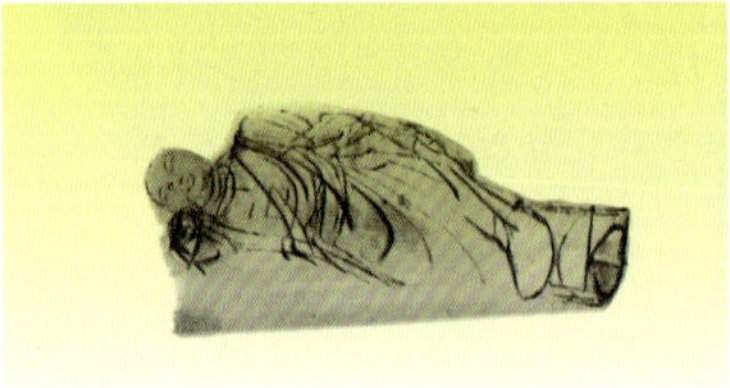

a 木贴金卧佛像CT渲染图

b 木贴金卧佛像

29

铁函内木贴金卧佛像及 CT 渲染图

30

铁函的CT四视图

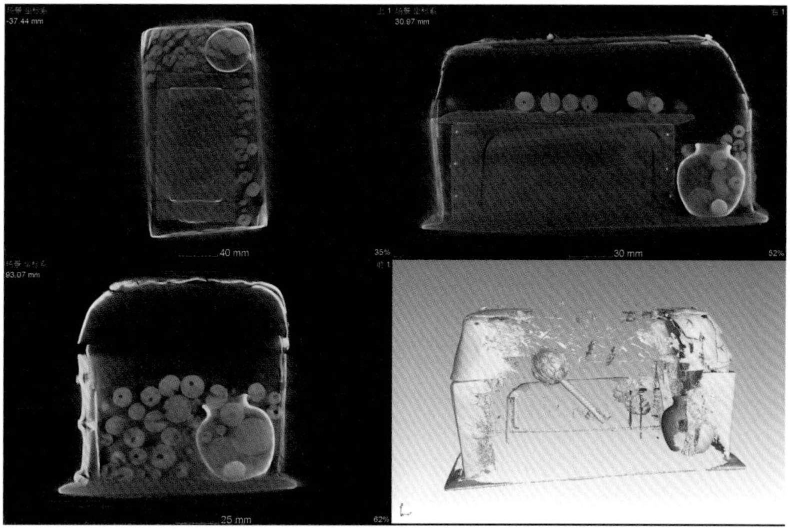

在铁函开启前，文物保护人员根据CT检测结果进行了充分的准备工作。开启后的结果与检测分析预测基本吻合，证明了检测分析在文物保护中的指导作用。此外，通过数字化手段记录铁函内部布局，不仅确保了文物信息的长期保存，也体现了科技考古的独特优势。

针对地宫出土文物病害及材质特征，依据最小干预、材料可再处理、最大限度保留历史信息等原则量体裁衣设计技术路线，开展保护修复工作。

北宋铅贴金阿育王塔方形中空，外形作单层束腰状，自下而上由基座、塔身、山花蕉叶、塔刹四部分组成，其中塔刹为木质，其余为铅贴金，采用了透雕式图像来表现佛本生故事。因长期浸泡于地下水中，塔身轻微变形，表面大量硬结物覆盖，铅质塔身出现腐蚀现象，贴金层脱落，塔身一侧装饰透雕出现裂隙，碎成两片，并有残缺。木制塔刹杆完全腐烂断裂，相轮与火焰宝珠脱落。经过两个月的修复，矫正了塔身轻微变形，替换的木制塔刹杆将五轮与火焰宝珠重新安装就位，恢复原状。塔身表面大量沉积物与硬结物得以清除，贴金层得以加固，塔身一侧装饰透雕得以重新修复完成，通过表面封护，达到器物的稳定（图 31）。

31

青龙镇隆平寺塔基地宫出土北宋铅贴金阿育王塔修复前后

北宋线刻佛像铜镜出于木函内，立于卧佛头部同侧的木函壁。镜为圆形、宽沿、圆钮，镜背光素无纹，铜镜通体锈蚀，呈深灰色，局部有表面硬结物。通过CT检测，发现铜镜正面有以极细的阴刻线浅刻佛坐像。经过修复，去除了镜背与镜面的锈蚀物与沉积物。对浅刻纹饰的镜面特意采用弱酸凝胶局部贴敷的方法，较为温和地去除了腐蚀物。原本不可见的镜面线刻佛坐像非常清晰。最后通过表面封护,达到器物预期的修复效果（图32）。

32

铁函内出土北宋线刻佛像铜镜修复前后

北宋银鎏金未敷莲坠脚出于铁函与木贴金椁的空隙处，伴随出土还有300颗水晶珠，皆有穿孔。未敷莲坠脚为佛珠末端装饰件，外形作一枝含苞待放的莲花造型。整件坠脚纯银鎏金，伴出还有莲瓣形珠托5片。未敷莲坠脚、莲瓣形珠托与佛珠完全脱离，散落于铁函中，受到挤压，局部轻微变形。银鎏金部分氧化与硫化严重，通体发黑，被沉积物包裹。修复中矫正了花瓣变形，采用硫脲类复配除锈剂和除锈膏，对鎏金银器表面的黑色氧化与硫化锈蚀进行敷贴处理，有效地去除了鎏金层外的氧化物。通过表面封护，达到器物的稳定（图33）。

33

铁函内出土北宋银鎏金未敷莲坠脚修复前后

在完成了一系列工作后，“千年古港——上海青龙镇遗址考古展”于2017年3月在上海博物馆向公众开放，展示了极具历史、文化、科学价值的出土文物，引起了社会对上海本土文化的广泛关注。展览中同样用到了国内自主研发的调湿材料和监测传感器，从预防性保护的角度保障了文物安全。青龙镇遗址出土的文物，从考古发掘，到检测分析、保护修复、预防性保护，再到最后的陈列展示，实现了文物保护利用的完整链条。

文物承载灿烂文明，传承历史文化，维系民族精神，是老祖宗留给我们的宝贵遗产，是加强社会主义精神文明建设的深厚滋养。保护文物“功在当代、利在千秋”。检测分析、本体修复、预防性保护是文物保护的主要内容，传承与创新是文物保护的永恒主题和时代精神。希望社会大众能够更加全面地理解文物保护、持续关注和支持文物保护工作。文物保护，人人有责！

扫码观看《上博金属文物保护修复的传承与创新》现场内容

第五讲

谷娴子
上海博物馆工艺研究部
副主任 研究馆员

中国古玉器极简史
——以十件上博馆藏文物为例

中国素有“玉石之国”的美誉，以玉作器已有近万年的历史。虽然中美洲的古印第安人、新西兰的毛利人同样对玉器十分倾心，西伯利亚、欧洲和日本列岛等地区也都有早期玉器的考古发现，但只有中国人长久而不间断地保持着对玉的热爱，并一直延续至今。

在古代中国，玉被用来沟通神灵、敬天崇祖、辟邪殓葬、祈求祥瑞，不仅代表财富、权力和地位，甚至被当作长生灵药。玉温润、洁白、坚韧等自然属性更被赋予仁、义、智、勇、洁等高尚品德，为历代文人墨客所推崇。

承“上博讲坛”之邀，笔者择十件上海博物馆藏古玉器文物*，讲述

* 出于可读性和图片版权等考虑，十件器物的选择与 2023 年 1 月 16 日“上博讲坛”内容略有别。

它们背后的历史文化故事，以概览中国古玉器发展。

史前古国“朋友圈”

新石器时代，中国广袤的土地上先后诞生了具有各自区域特征的大量玉礼器和玉饰件。以辽河流域红山文化的动物形和几何形器物，长江流域良渚文化的玉璧、玉琮、玉钺，以及黄河流域龙山文化的玉璋、玉刀等为代表。这些珍贵的玉器或造型独特，或饰纹神秘，蕴含丰富的精神内涵，是早期文明起源与发展的实物见证。

图 1 玉琮出土自上海市青浦区福泉山遗址，年代为距今约 5400~4300 年的良渚文化。琮为黄绿玉质，呈薄壁矮方柱形，外方内圆。外壁以减地法琢出四个对称的角尺形凸块，又各分上下两节，刻琢神人、兽面、飞鸟纹样。整器玉质莹润，造型规整，饰纹严谨，是良渚玉器中的珍品。

1

新石器时代 良渚文化神人兽面飞鸟纹玉琮
上海博物馆藏

中华文明起源与早期发展综合研究项目（简称“探源工程”）明确，早在距今5100年到4300年前，中华大地上一些文化和社会发展较快的地区已相继出现早期国家，跨入了文明社会（王巍，2022）。这其中最耀眼的，当属长江下游环太湖地区的良渚文化。考古发现证明，良渚社会已形成相当于早期国家的高级政体，可称“古国”（浙江省文物考古研究所，2015），以玉器为核心的宗教和信仰系统（即礼制）作为政治纽带，维系着各层级聚落间的关系（宋建，2017）。

良渚玉器器类多样，包括琮、璧、钺、锥形器、带钩、管、珠等，使用上有明显的等级和性别规范。其中的玉琮为良渚人首创，被用于祭祀、殓葬等，于良渚文化多遗址普遍出现，时间覆盖良渚早、中、晚期，且每一件（不含半成品）都雕琢有神人兽面纹（图2）或神人兽面飞鸟纹，通常被理解为巫觋事神图案，“是良渚古城甚或是以良渚为中心的更大社会单元的社群共同体的标志”（科林·伦福儒，2018）。

2

浙江反山出土良渚文化『玉琮王』上的神人兽面纹

位于浙江余杭的古城遗址是良渚古国的都城和整个良渚文化的核心。环太湖地区其他重要良渚文化遗址点还有江苏常州寺墩、江苏苏州张陵山、上海青浦福泉山等，构成“以良渚古城为中心的‘中央’联系着各个‘地方’中心的网络”（赵辉，2017 年）。对琮形玉器的梳理则发现，其在更广泛的空间和更漫长的时间里都有出现，比如史前山东、河北、山西等地的龙山文化，陕西、甘肃的齐家文化，安徽的薛家岗文化，广东的石峡文化等等，俨然构成互动“朋友圈”。又比如夏商周时期的河南登封王城岗遗址、偃师二里头遗址，江西新干大洋洲商墓、四川三星堆遗址，陕西张家坡遗址等，影响深远（谷娴子，2022）。

“最早中国”影响力

夏王朝是中国历史上的第一个王朝，都城位于今河南偃师二里头遗址。学界所谓二里头文化就是夏文化的重要代表。夏商时期，以大型玉璋、玉刀等“玉兵”为代表，部分玉器演化为国家权力的象征。

图 3 玉璋自上而下分本体和柄部，柄部上部两侧沿旁凸出有“阑”，或称“扉牙”。此件玉璋为传世品，年代早年被定为夏，结合新近考古发现及研究成果，笔者认为实际稍晚。限于馆藏，暂列于此来举例。

璋，又称“牙璋”，名字最早见于《周礼》。夏鼐先生（1983）曾提出此类器物应定名为“刀型端刃器”，后考古学家又据之演化出“耜形端刃器”“歧锋端刃器”等多种称法（王永波，1996）。出于习惯，我们通常还是定名“牙璋”。部分牙璋的扉牙形态复杂，近似张嘴兽头形，被呼为“龙牙璋”。

已知牙璋最早发现于大约四千年前的山东半岛，并从山东龙山文化开始向周边传播。向西，以河南花地嘴遗址出土的两件较早，而且明显保留

3

商　玉璋

上海博物馆藏

着龙山式牙璋的特色。向北，陕西石峁的发现广受瞩目，尤其是城墙遗址中嵌入式埋藏的璋。向南，四川盆地三星堆、金沙遗址出土的牙璋数量最多、体积最大，达数百件，而且与中原二里头文化有比较明显的渊源关系。这当中，三星堆遗址曾出土持璋青铜人（图 4 左）和刻纹玉璋（图 4 右），显示牙璋可能与礼仪、祭祀等活动有关。尤其是三星堆二号坑出土的刻纹玉璋，器物两面上下各阴刻有两组纹饰，每一组都有山峰、人物和璋形，被认为是以牙璋祭祀山川的场景再现。

4 三星堆遗址出土商代持璋青铜人和刻纹玉璋

在夏代，或者说二里头时代，玉璋是夏文明之宫廷礼仪的核心（冈村秀典，2012），或者说国家政治制度的象征（邓聪，2022），是最重要的礼仪用器。正如前面所说，玉（石）牙璋广泛出土，散布于中国的黄河、长江、珠江流域，从实物角度证明中国很早就已进入国家形成的阶段。再往西南，牙璋甚至去到越南河内地区（图 5）。许宏（2009）总结二里头文化为“最早中国”代表，玉璋则是最早中国国家影响力的最好见证。

5 早期牙璋示意图（邓聪制图）

藏礼于器的商代

商晚期出现甲骨文，即刻在龟甲或兽骨上的文字，也是中国最早的成熟文字。金文上承甲骨文，是商周时期刻在青铜器上的文字，又称铭文或钟鼎文。两者为我们研究商周社会提供了重要资料。图 6（左）玉龙为近圆雕作品，表现上夸张了头部和五官，形象生动又肃穆。龙身呈 S 形卷曲，龙蘑菇角、“臣”字眼、尾上卷，造型与商代甲骨文中的“龙”字（图 6 右）几乎相同。

龙在中华传统文化中占有重要地位。常常被述及的早期“龙”还包括：辽宁查海遗址发现的石块堆塑龙，距今约 8000 年；河南西水坡遗址发现的蚌壳堆塑龙，距今约 6500 年；安徽凌家滩遗址发现玉龙、内蒙古三星他拉红山文化玉龙，距今约 5500 年，等等。随着时代的变迁，龙的造型自史前不断变化，并成为历代玉器上的主要题材之一。除龙字外，商周时

6

商代甲骨文里的『龙』字（右）

商 玉龙 上海博物馆藏（左）

期的甲骨文和金文中还有很多更直接的玉器器型字样出现（图 7），比如前面说到的琮和璋，还有礼仪性器物如璧、璜、圭、戈、戚，等等。

商代是中国青铜文明的鼎盛时期，商人“藏礼于器”。实际上，虽然青铜彝器于此时在政治、祭祀等礼制活动方面已然成为主角，但曾经“独领风骚”的玉器仍然承担着礼的功能。为了巩固政权和实行礼治，加之祖先崇拜的频繁与隆重，商代统治者延续史前并创新制作了很多玉礼器，以玉刀、玉戈、玉戚、玉矛、玉柄形器等为代表。从另一个角度观察，河南郑州商城、安阳殷墟等考古发现显示，商代冶铜、琢玉、制陶等都有专门的作坊遗址，手工业分工细致，发展迅速。而青铜工具的出现无疑推动了玉器加工的发展，让更多或复杂、或扁薄、或大体量的玉器得以被加工制作（赵海涛，2021），同时镶嵌工艺明显得到提升，以铜嵌玉、铜嵌绿松石等为代表。

7

可与玉器器型对应的商周甲骨文或金文（葛亮描摹）

从宗法严格到百家争鸣

西周实行分封制，王权至上，贵族世袭，宗族观念强烈，礼乐制度规范，构建了较为稳定的政治和社会结构。至春秋战国时期，周王室衰微，严格的等级秩序被打破，诸侯争霸，社会动荡，同时思想领域异常活跃，儒家、道家、法家等百家争鸣。这段颇具故事性的历史转折在玉器上也有一个典型表现。

图 8 玉璜是西周常见的玉器品种，造型近扁平扇面形，器面雕琢双龙纹样。很长一段时间里，我们曾不清楚此类玉璜的具体用法，直到河南虢国墓、山西晋侯墓等发现，让考古学家了解到西周时期有一种以玉璜为核心，加上很多其他佩件如珠、管等构成的、形式相对固定的“多璜组合式

8

西周 双龙纹玉璜

上海博物馆藏

玉佩”，简称玉组佩（图 9 左）。它们被佩于颈部、垂于胸前，不仅用作装饰，还是贵族身份的代表，并以组合的繁简来区分地位高低（姜涛，2007）。

之后的东周，纷争不息，秩序不再，组佩等礼仪用玉开始沉寂，直到以孔子为代表的儒家提出“玉有德”，倡导君子佩玉以重申法度，玉组佩才再次流行。此时的它们被佩于腰部、垂于下腹，同时不再有什么固定的配件类型，也没什么形制规定，似乎主要根据个人喜好自行组合，又称“玉杂佩”。同时，玉带钩、玉剑饰等十分流行，玉器用途逐渐发展为以馈赠和佩戴为主。

东周玉杂佩相关考古发现有如山东曲阜鲁国故城出土战国玉杂佩（图 9 中）、河南洛阳中州路战国墓出土玉杂佩（图 9 右）、湖北曾侯乙墓出土战国玉杂佩等。可以看到，此时玉杂佩的结构主体偶尔还是玉璜（也被部分学者称其为“玉珩”），但最吸睛的却往往是通常位于最下端的龙形玉佩。它们常作扁平透雕，造型可见 S 形、W 形、C 形，也有一首双身、双首同身等异形，自由浪漫，极具想象力。

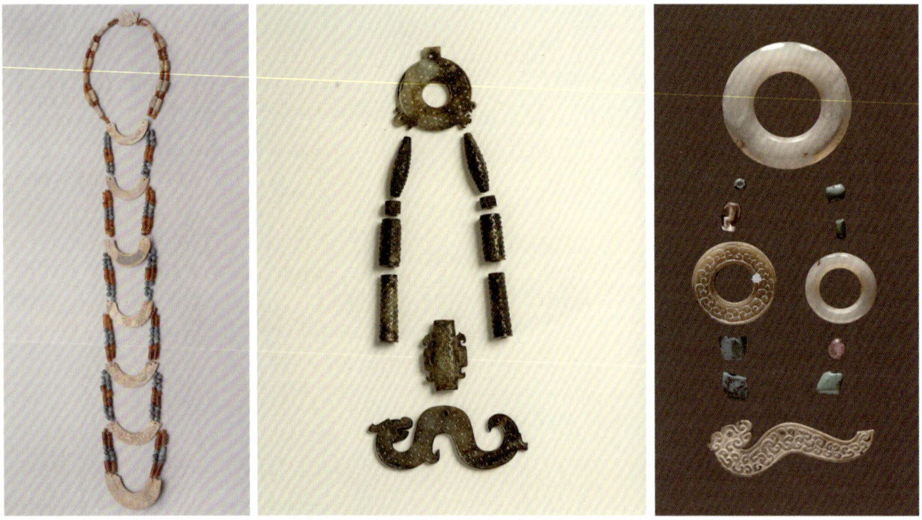

9

河南洛阳中州路战国墓出土玉杂佩（右）
山东曲阜鲁国故城出土战国玉杂佩（中）
河南三门峡虢国墓地出土西周玉组佩（左）

《正韵》释“德”:“凡言德者，善美正大光明纯懿之称也。”玉杂佩的使用客观上限制了佩戴者的行为，敦促其端庄持重、行走稳健，以维持君子的风度美，产生佩玉锵锵的声音美，同时告诫佩戴者要与玉一样善美光明，达成了道德教化目的。可以想象，孔夫子可能曾经也佩戴着他“DIY”的玉杂佩,行之有度地踱步于众弟子间,传道授业解惑。笔者认为,“玉有德”理论是儒家的智慧创新，很大程度上保障了玉文化在封建社会可持续发展，更成为中国玉文化永葆生命力的重要精神内核。

“一鸣惊人”的汉王朝

汉王朝是中国历史上第一个具有世界影响力的帝国，与罗马帝国、贵霜帝国、安息帝国并称古代世界史中的四大帝国。两汉悠悠四百余年，玉雕艺术兴盛蓬勃，礼仪用玉、丧葬用玉、装饰用玉、实用及陈设用玉全面发展，圆雕、镂雕、浮雕、阴刻、镶嵌等技法被熟练运用，达到了中国古典主义时期的最高峰（徐琳，2024）。

汉玉精品太多，此处笔者仅不免俗地展开最为观众津津乐道的丧葬用玉，即“专门为保存尸体而制造的随葬玉器”（夏鼐，1983），简称葬玉，也称敛尸玉。汉代儒学与玄学并存，人们利用想象创造了一种逍遥自在、雄奇多彩的信仰世界，并企望长生不老、羽化成仙，厚葬观念盛行，加之经济繁荣，通西域后玉料又比较充足，上层贵族使用葬玉的规模远超以往。所谓“事死如生”，汉墓棺椁内外、尸身上下随处可见玉器。图10蝉形玉琀就是其中常见而典型的一种。

玉琀指含在死者口中的玉器，是葬玉家族最古老的成员，在距今约六千年前就已有发现，部分可能为装饰玉改制。商周时期的玉琀常见碎玉，战国时出现完整器形，至汉代则基本定形为蝉。蝉的生命历程是蛰伏数年

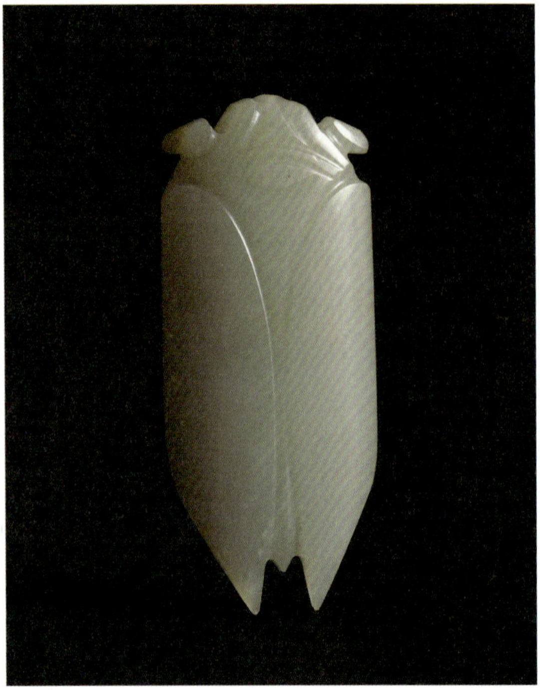

10

汉 蝉形玉琀
上海博物馆藏

一鸣惊人，与汉代人希冀灵魂复活、得道升天的期望不谋而合。

相对而言，玉琀是比较广泛的葬玉形式，等级要求不严，使用较为普遍。其他葬玉还包括镶玉漆棺、玉枕、玉九窍塞、玉握、玉衣、足端敛玉等，以玉衣为“终极形态”。1968 年，河北满城中山靖王刘胜及其夫人窦绾墓出土了两套完整的金缕玉衣（图 11），震惊世人。理论上，玉衣由“主作陵内器物”的少府东园匠制作，仅限皇帝、高级贵族和特赐者使用，且据《后汉书·礼仪志》记载：皇帝使用金缕玉衣；诸侯王、列侯始封、贵人、公主使用银缕玉衣；大贵人、长公主使用铜缕玉衣。有明确的等级规范。

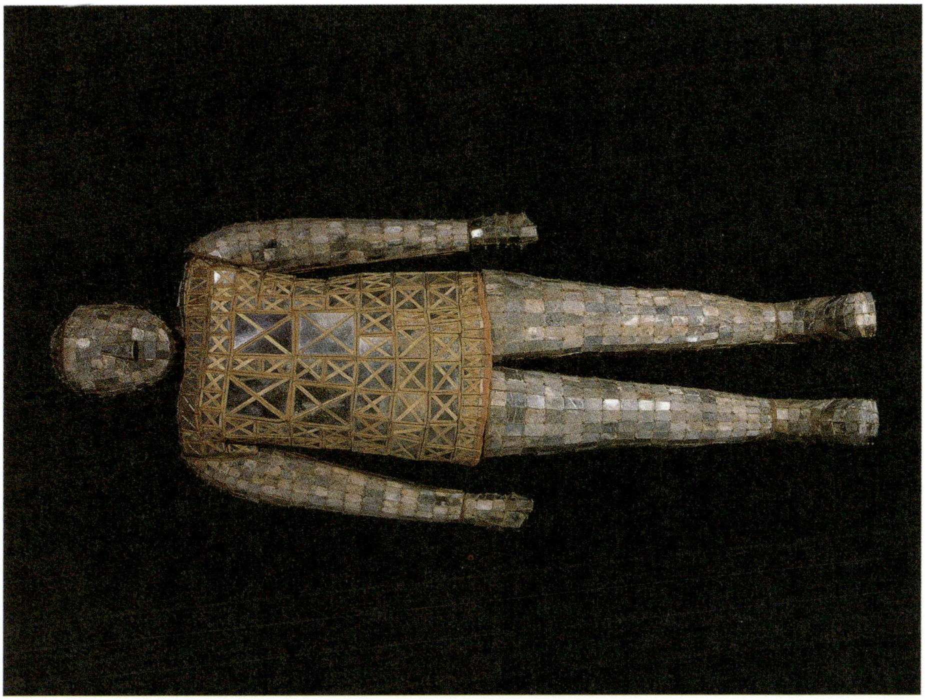

11 河北满城中山靖王刘胜及其妻窦绾之墓出土汉代金缕玉衣

目前已知出土西汉玉衣四十余套，东汉玉衣三十多套，所在墓葬主要分布于江苏、河南、河北、山东四省，墓主人大多为刘姓诸侯王及其家族（石荣传，2006）。东汉末年，战乱四起，民怨沸腾。至三国时期，曹操提倡丧葬从简，遗令“天下尚未安定，未得遵古也……敛以时服，无藏金玉珍宝”。也就是说只穿平常服装入葬，不陪葬金玉珍宝。此后，以玉衣为代表的葬玉系列逐渐消亡。

开放昂扬的大唐气象

有唐一世，繁华如织。唐朝对外交流频繁，文化和艺术不仅承继汉朝和魏晋南北朝的优秀传统，还大力吸收诸如佛教、伊斯兰教、波斯、希腊等外来文化因素，呈现出明显的多元创新特征。

图 12 玉带銙是玉带的组件之一。其正面雕饰一位胡人，卷发、深目、高鼻，头戴尖顶帽，肩披云带，身着窄袖束腰衣，足穿长靴，手持来通杯，盘坐于蒲席之上，形象与中原人明显不同。“胡”是一个概称。唐代时胡人指西域人，而西域有时专指新疆，有时也泛指新疆及其更西部。西域自古是歌舞之邦，唐代玉器上的胡人大多手持乐器，类似形象在同时代壁画、瓷器等上也有表现（图 13）。

13 唐 三彩釉陶载乐骆驼 中国国家博物馆藏（右）
莫高窟第 154 窟主室北壁唐代报恩经变图（局部）（左）

除带銙外，完整玉带还包括带扣、带鞓（tīng）和挞（tà）尾。其中的带銙和挞尾主要为玉质，也可见玛瑙和青金石质等，正面常光素，少数饰有狮子纹、胡人纹等，背面四角有牛鼻穿孔，可缝系于革带。上博另藏有两套来自陕西的完整唐代玉带，其中一套展出于浦东新馆玉器馆（图 14 左）。带銙上琢饰的胡人有的手持乐器，在击拍板、击铜钹、击鸡娄鼓、击揩鼓、击羯鼓、击腰鼓、吹排箫、吹筚篥，还有的在斟酒、领唱、献宝。挞尾上琢饰的胡人则正在跳胡腾舞。这种舞蹈多由男性舞者表演，突出旋转、跳跃、腾踏等动作，舞姿雄健，强调力量感。

玉带兼实用、装饰、礼仪等功能为一体，唐代时仅三品及以上官员可用。日本正仓院曾做过唐代革带复制（图 14 右），佩系时方銙环于腰后部，挞尾穿过带扣后自上往下反插于后腰，圆头向下折垂。等级规范之余，以西域风格的胡人纹等为代表，体现出开放、包容、自信的社会特点。除了人物纹，唐代玉器上还可见写实的植物、动物纹样，富有生活气息。雕刻时大量使用阴刻技法，线条明快简洁，又兼顾物象的动态和体积感，气韵如国运般饱满昂扬。

14

日本正仓院复原制作的唐代腰带（右）

唐 伎乐纹玉带 上海博物馆藏（左）

华夏文化造极之世

“华夏民族之文化，历数载之演进，造极于赵宋之世”（陈寅恪，1943）。两宋虽然政治军事不够强大，但文艺兴盛，手工业生产发达。当时的玉器一方面走自然写实风，常见仿生器，设计上为人物、动物、植物组合，比如瑞兽口衔灵芝仙草，飞禽于池塘花间游戏，孩童手执莲花而行等，自然生动。另一方面受士大夫的金石学旨趣导向，呈现出复古特征，可见玉

15

宋 鹦鹉蕉石纹玉饰

上海博物馆藏

卣、玉璧、玉带钩等仿古器，流行螭纹、云纹、谷纹等前代纹饰。明代高濂在《遵生八笺·燕闲清赏笺》中评价：“宋工制玉，发古之巧，形后之拙，无奈宋人焉。”

图 15 鹦鹉蕉石纹玉饰为自然写实风格，圆雕件，正背面皆构图均衡，仿佛画中小景。杨伯达先生（1995）曾指出，宋代皇家画院在画坛上处于举足轻重的地位，促进了绘画艺术的全面成熟（如图 16），也引导玉器沿绘画艺术途径发展，出现了立体的全景式玉雕。故宫博物院的清宫旧藏里有多件类似的精品，被乾隆皇帝称为“玉图画”。

宋代时，除了专为皇室服务的官方制玉机构，随着城市经济的发展，市民阶层兴起，玉器从先前为上层阶级专属、带有严格等级烙印的神坛款

16

北宋 赵佶 五色鹦鹉图卷（局部）

波士顿艺术博物馆藏

17

北京乌古伦窝伦墓出土金代绶带花玉佩（左）

款走向民间，出入市井店肆。南宋笔记《西湖老人繁胜录》载，临安府（今杭州）有一家“七宝社”，经营玉碗、玉梳、玉花瓶、玉束带、玉绦环等。当时民间盛行一种持莲童子形玉佩，源自七夕期间广受欢迎的泥塑玩具，作佛教神祇经汉化后演变成的儿童形象，用于祈求多子多福，是宋玉融入世俗社会的典型表现。

此外，北宋有辽和西夏，南宋有金和蒙古。这些政权间虽长期对峙，但宋朝的手工业成就和文化领域中的审美意识、社会风尚，直接或间接地影响了周边地方。玉器方面，辽金少数民族的玉雕仍多以中国传统纹饰为主（如图 17），并偏爱游牧生活中常见的天鹅、大雁、鱼、鹿等题材，同样自然写实，善于捕捉美的动态和情趣。同时，辽金玉雕选材广泛，较多使用琥珀、水晶等材质；器类新颖，制作使用玉逍遥、玉纳言、龟游佩、工具类玉组佩等，独具民族特色。整体而言，两宋玉雕礼性大减、玩味骤浓，由气韵生动的唐代风格走向了形神兼备、清新舒畅的艺术新境界。

草原风情邂逅玉雕艺术

元代是蒙古族建立的统一多民族政权，幅员辽阔。其玉雕继承宋辽金传统，延续发展礼仪用玉、装饰用玉、陈设用玉、文房用玉等门类，并在原有玉文化主流的基础上融入了清新的草原民族文化内涵，还创新制作了玉押、绦环、帽顶等新品种，独具特色。

图 18 春水玉带饰整器轮廓呈椭圆，背有环形托，正面主体纹饰为一只天鹅正被海东青追逐，躲藏于莲荷水草之间。“春水”是金元时期流行的一种玉器装饰题材，由契丹族的春季渔猎活动衍生而来（杨伯达，1983）。辽金时期，北方游牧民族有“四时捺钵”的习俗。春、秋“捺钵”又称“春水”“秋山”，指统治者在春秋两季外出行营并打渔、捕猎。从已知文献记

18

元 春水玉带饰
上海博物馆藏

载来看，金代开始以春水、秋山主题来装饰玉器。其中春水玉常见鹘（hú，海东青）攫天鹅，秋山玉多表现秋天山林中鹿、虎等动物悠闲栖息。

江苏省无锡市钱裕墓曾出土一件类似的椭圆形玉饰（图 19 左），正面多层镂雕纹饰，主体为一只天鹅张口嘶鸣，正敛翅潜入荷丛之中隐藏。上方不远处一只海东青正回首寻觅，伺机攫捕。同墓还出土有一件玉带钩，钩首刚好可从椭圆形玉饰环托左侧的空当处穿过。徐琳女士（2008）据《元史·舆服志》等文献记载，考证认为两者为组合使用，是同一条腰带上的环扣和带钩（使用见图 19 右），应分别定名为“绦环”“绦钩”。

元代玉器的发展据其历史进程实际有蒙古汗国（1206—1270）和元王朝（1271—1368）两个时期。受蒙古贵族秘葬习俗等影响，蒙古帝王和高级贵族的墓葬至今鲜有发现，客观而言我们还无法掌握元代玉器全貌。总

19

元 佚名 名贤四像之虞集像 国家博物馆藏（右）

江苏无锡钱裕墓出土元代春水玉带饰（左）

体来看，元代玉器在继承宋代玉文化的基础上吸收了辽、金玉文化精髓，秉承形神兼备、洗练生动的治玉精神，并逐步建立了具有自身特点的简练粗放的治玉风格，又融合中国传统文化、西方外来文化、佛教文化和北方草原文化，形成独有的玉文化特色，对后世玉器的发展产生了深远影响。

民族风格成熟期

明王朝跨越四个世纪，是中国封建社会晚期最后的汉族统治帝国。其工艺美术品的发展达到了前所未有的高度，并涌现出陆子刚等一大批知名匠人，制作出温润端庄的玉器、千文万华的漆器、简练优美的家具、恢宏典雅的砖雕、清逸脱俗的竹刻、绝世难得的犀角器、奇巧绝伦的核雕等，成就了民族风格的成熟时期。

图 20 嵌玉银鎏金霞帔坠出土自嘉靖御医顾东川的夫妇合葬墓，发现时被置于墓主腹部位置，摆于霞帔之上（王正书，2001）。霞帔又称“霞披”，形状宛如一条长长的彩色披肩，因颜色艳丽如彩霞而得名。宋代以后霞帔被定为命服，常与凤冠相配，一般仅限于贵族女子或受诰封的命妇使用，霞帔下端多有金、玉等制成的坠件（见图 21），可帮助垂坠，也可为装饰，称霞帔坠。这件霞帔坠主体为银鎏金材质，正面上、下分别嵌有透雕的松鹿纹玉饰和绶带牡丹纹玉饰，并围绕镶嵌数颗宝石。经检测，红色者为尖晶石，蓝色者为蓝宝石。

回首前代，玉器发展从来不是孤立前行，而是与石器、陶器、骨器、漆器、青铜器、瓷器、金银器、竹木器、象牙器等诸多门类并行，且各自在不同时期呈现不同面貌，又或有沉寂，或有突出表现。以明代为典型，多种工艺美术品之间相互影响，又在尚玉习俗上发展出金、玉、宝石等复合技艺的首饰、器皿等，广受人们喜爱。其中官方所用往往富丽堂皇，精美绝伦，

20

上海市顾东川夫妇合葬墓出土明代嵌玉银鎏金霞帔坠

21

中东宫冠服图中的霞帔佩戴示意图

如此件帔坠一般的民间所用同样别开生面，美不胜收。

谈及明代宝石使用，相关进贡、出产或贸易的文献记载数不胜数，主要见于《明史》《明会典》《东西洋考》《星槎胜览》《西洋朝贡典录》《徐霞客游记》等。明代时除中国的云南、辽东、新疆，如今的泰国、斯里兰卡、印度、印尼、缅甸、菲律宾、伊朗、孟加拉、麦加、也门等也有宝石产出。永乐三年至宣德八年，宦官郑和七次率众出海远航，历经亚非三十余国，途经上述的泰国、斯里兰卡、缅甸、菲律宾等地。这些地方自古是彩色宝石的重要出产地，也极可能是我们现在所看到的明代金镶玉嵌宝器物中的珍稀宝石来源地。

随着明代中晚期城市经济的繁荣和海外贸易的刺激，资本主义生产关系萌芽，玉器制作一派繁荣，形成了以北京、苏州、南京等地为首的制玉中心，同时开始脱离宋元以来形神兼备的艺术轨道，出现了商品化、装饰化、玩赏化的新特点（常素霞，2009）。

集历代大成的终点兼起点

清代是我国古代玉器加工使用的鼎盛时代，不仅集历代工艺大成，新材质如翡翠、新品种如痕都斯坦玉等亦被充分接受，诸多优秀玉匠效力于宫廷或活跃于民间，创造了数不胜数的优秀作品，又以乾隆时期为丰碑（杨伯达，1993）。

乾隆二十四年，清政府打通了和田玉进入中原的通道，保障了玉料来源。在此基础上，乾隆年间的琢玉规模、产量、种类、工艺水平超越了历史上的任何其他时代，所作玉器大多呈现“精、细、秀、雅”的艺术风格，被称为“乾隆工”或“乾隆玉”。

图 22 玉觚属仿古彝器，仿青铜觚的造型作菱口喇叭状，自上而下分

22

清乾隆 三螭纹玉觚

上海博物馆藏

三段。上、下段作交叠的莲瓣，中部鼓腹上浮雕三条形态各异的蟠螭，凹入的内底上阴刻“乾隆年制”篆书款，显示为乾隆年间制作。整器规整端庄，构图疏密有致，线条刚柔相济，可谓“乾隆玉”之代表。

自北宋为始，以青铜器和石刻碑碣等为研究对象的金石学盛行，金石收藏随之在文人士大夫间蔚然成风。怀古、复古的风尚催生了玉制仿古彝器等各类仿古器的制作，包括玉觚、玉尊、玉卮、玉觯、玉匜、玉簋、玉簠、玉炉、玉鼎、玉爵杯等。它们主要仿照商周青铜器的造型及纹样，并根据自身特征进行了一些适合玉材表现又符合时人审美的艺术再创造（张尉，2009）。如同我们这件觚，以玉摹制，少了肃穆多了娟秀，被用来插花，作陈设器（如图 23）。其上的蟠螭早期被视为身份和权威的象征，到明清

23

清 余省 种秋花图轴（局部）
故宫博物院藏

时期也失去了原本的神圣含义，成为发怀古之幽情的装饰图案，寓意吉祥。

从工艺角度看，明清琢玉因地域、经济、风俗、文化等因素的交织影响，形成了京作、苏作、扬州工等不同流派。其中苏工偏重中小件，以“小、巧、灵、精”出彩，风格精细雅洁。扬州工偏重大件，以碾琢玉山子等陈设玉器为绝活，同样名重一时。至于本节所述玉觚，笔者认为其颇具苏作玉雕特征，但由于缺乏详细的传承记录，制作地已难核实。所幸诸流派传承不辍，创新不止，在中华万年玉文明的深厚底蕴之上互鉴互学，携手奋进，共谱中国玉雕的当代华章。

结语

王侯以玉定乾坤，君子以玉明心志。仕人的玉冠端正于顶，妇人的玉镯腕间叮当。遥想曹雪芹写通灵宝玉，让它含着前世今生的魂魄。今人摩挲玉器时的虔诚，便是对华夏文明最温热血脉的触摸。一部玉器发展史就是一部中国发展史。

扫码观看《中国古玉器极简史——以十件上博馆藏文物为例》现场内容

第六讲

王樾
上海博物馆青铜研究部
副主任 研究馆员

文物里的丝绸之路

丝绸之路对于每一个中国人来说都是非常熟悉又充满诗意的一个名字，它是连接着中国和西方一条非常重要的通道。丝绸是中国的特色产品，尤其是在古代，甚至被卖到了遥远的地中海沿岸国家，卖到了古罗马。但实际上，丝绸之路的文化内涵要更大、更广博。

什么是“丝绸之路”？

从命名的角度来谈，丝绸之路的名字来源于德国地理学家叫李希霍芬，他考察发现了古道的存在。他认为古道就是以前西方史学家记载的、从中国买到丝绸之后运回去的路，所以他就把这条路叫作丝绸之路。李希霍芬认为的丝绸之路指的是从长安通过新疆到中亚的这一条路。但实际上丝绸之路并不是一两条路，它是一片横亘亚欧大陆上的道路网络。从东到南，从东到西，从南到北，全部都被这一片路网包络起来，这才是严格意义上丝绸之路。我们可以把它理解成整个亚欧大陆上，东西南北的人互相往来交通的一片路网。

北边是草原道，它是横亘在亚欧大陆的北部草原地带上的，这个道路的时代偏早一些。传统意义上的丝绸之路道路网，一直从遥远的地中海地区延伸到东边的朝鲜半岛，甚至对日本也有影响。它不是一条，是一片道路网络，除了主干道，其实更小的道路还有很多。

公元9—10世纪之后，海上丝绸之路也慢慢地发展起来。此前人们掌握了航海技术，主要沿着海岸线行进。因为对洋流不熟悉，也不具备方向指示的技术，所以当时的航海技术是比较不安全的，翻船事故时有发生，所以人们还是主要依靠陆上丝绸之路来进行贸易往来和文化交流。而此时，不管是波斯湾一带还是印度、中国的古代人，都掌握了更好的航海技术，学会了辨识洋流，以及使用罗盘辨识方向，翻船事故减少；而且对于大量贸易活动来说，海洋运输成本更低、效率更高，所以海上丝绸之路成为了贸易的主干线。

某种意义上，丝绸之路是一种推动文明发展的“发动机”。公元10世纪以前，整个的亚欧大陆，从地中海地区到古代中国，从南边的印度一直到北边的乌兹别克斯坦、哈萨克斯坦等河中地带国家，都是通过这片丝绸之路道路网连接起来的。虽然当时的人们是追求经济利益、追求贸易利益，为了贩卖物资走在这些道路上，但这些道路同时为僧侣、传教士、政府使节，以及一些有文化的人提供了往来的道路。虽然是经济交流为主，但是丝绸之路也在无形当中推动了文明之间的交流互融，这是很了不起的。可以说丝绸之路的原始推动力，带动了文化间的交流，成为人类文明发展的重要推动力。从这个意义上来说，丝绸之路对人类文明的进步具有极其重要的意义。

丝绸之路从何而来?

谈到丝绸之路是怎么形成的，根据分子生物学的观点，大概在10万年前，人类开始走出非洲，每到一个地方生活、繁衍，等到当地的物资无法承载人口的数量，就有一部分人选择离开，迁往下一个地点，于是有了一个漫长的、为了生存而进行的迁徙。人类的迁徙从东非开始，随后遍布整个亚欧大陆。大陆上最早形成的道路网，也可以看成是漫长时代里人类的迁徙路线。

在道路的选择上，当时的亚欧大陆大概有草原、沙漠、戈壁滩、高原、草甸等地貌。那些10万年前就开始走出东非的人类，在选择道路时，面临的最重要的问题就是寻找水源。所以，很多道路都是依托着大山的山脚或山间的走廊。一方面，需要饮水，可以作为食物的动植物也都需要水源；另一方面，河谷的地势也比较平坦。换句话说，生存的条件就是人类选择道路的标准。例如，新疆天山的冰川融化，水流到河谷地带，在河边形成了一个又一个绿洲，就成为道路上的一个又一个补给站。一个个补给站相连，就变成了一条通途，丝绸之路道路网就是这样逐渐形成的。

在万年前的石器时代，全世界人类的生产工具都是石头制成的，虽然有着细小的差别，但石器类工具是雷同的。观察新疆的罗布淖尔，从天山和帕米尔高原下来的河水汇聚在一起，形成了适合人类生存的绿洲。考古工作者在这里发掘了古墓沟墓地（图1），周围木桩钉在地上，呈现同心圆的圈状结构。同时这些木桩又连成一排，像太阳辐射线一样散射出去。中间是埋葬人的地方，发掘出的干尸戴着毛纺出来的风帽，身上穿着比较粗

1

石器时代 新疆罗布淖尔古墓沟墓地考古发现

的、毛纺品做的衣服，头的一侧放置了一个很漂亮的草篓。在这片墓地发掘的很多尸体旁边都放着草篓，说明这是一种特殊的入葬仪式。有意思的是，这些草篓的编制特别细致，上面有相当精美的纹饰，很可能是表达当时人类的精神世界。很显然，生活在这里的人衣食富足，他们拥有自己的精神世界。

有些尸体身上绑的袋子里还装着麻黄枝，麻黄枝是一种可以致幻，同时也有一定医疗功用的草药。可以猜想，当时的人类可能将那种致幻效果，当作是现实世界和死后世界的勾连，将这种草药想象成沟通两个世界的交通工具。

此外，考古人员还发现了天然的淀粉类植物，比如小麦粒。还有当时人类使用的渔网，说明他们会进行渔猎。他们使用最多的生活工具是石器，但可能是由于当时的罗布淖尔植被丰茂，拥有大量的林木，所以当时人类制作木器的水平也很高。他们把木头制成桶、碗，制作成日常生活中使用的各种工具。一般来说，由于漫长的岁月，木器很容易腐烂消失，而这里的木器由于干燥的气候条件保留了下来。

我们可以看到，当时的人类对毛纺织技术的掌握超乎我们想象，他们可以对毛进行分类，粗一点的擀成毡，做成风帽，做成帽子，这就是毛毡。细一点的纺成布，这些布的经纬线非常密，可以充分说明他们毛纺织技术的水平之高。当时人类的畜牧业可能也很发达，对动物皮的利用水平也很高，他们将皮革经过鞣制之后用粗的线缝起来，做成皮鞋。

这里还出土了一些木偶，这些木偶并不单纯是个玩具，更是一些精神世界的表达。其中有些木偶的女性特征比较明显，可能代表着对人口繁衍的期待。这些木偶也可能是祭祀使用。

当时的人类还会利用玉石等硬度比较软的石头做成随身装饰，例如做成骨锥用来固定头发，做成骨管、骨珠然后串成项链。这一方面代表着人类已经有了相当的物质积累也有能力获得肉类作为营养摄入，同时也说明社会阶层有所谓的“富人”，会佩戴比较多的装饰品，彰显自己的社会地位。还有大量羊角、牛角制作的角器，用芦苇做的弓箭，都说明了这个时期人和自然环境的关系。

另一具铁板河女尸，也是浑身穿着毛纺织品、皮鞋，头戴风帽，帽子上还插着羽毛。这根羽毛不是纯粹的装饰，它应该是在表达一些特定的含义。虽然不能确定它是不是代表一种冠冕或者等级制度，但它能够很明确告诉我们，当时的人类追求的已经不仅是生存，还有一定的精神世界，有一些文化内容的表达。

从古墓沟墓葬的考古发现，我们得到了这样一个概念，就是当时在丝绸之路上，在迁徙的过程中，人类已经具备了高超的物质创造能力，不但可以找到合适自己生存的物资，而且可以进行精致化的物质生产。比如有些地方的人类会放牧，他们养羊养牛，慢慢地就会掌握对动物皮毛的利用，会制作毛毡、布料、衣服。丝绸之路的形成，恰恰是因为不同地方的人都根据当地的自然条件和生活状态，生产出独特的物质产品，这就产生了物质交换的需求，进而勾连逐步形成贸易网络。

丝绸之路的三个部分

可以把丝绸之路分成三个部分来认识，东部地段，包括古代新疆，一直到中原王朝，甚至到朝鲜半岛和日本。中部地段，即亚洲中部的古代乌兹别克斯坦、哈萨克斯坦等，一直到阿富汗、巴基斯坦，还有印度北部，这可算是丝绸之路的中段。还有西部地段，古代西亚的伊朗，一直向西到地中海。在西亚，古代伊朗是一个很有意义的历史单元。古代伊朗代表的西部文化、古代中国代表的东部文化，以及中部地段的几个文化群体，就可被视作古代丝绸之路上重点发力的几个“发动机”。

西部：地中海的希腊罗马和伊朗高原

先看西部地中海区域的古希腊、古罗马和伊朗高原。公元前约3500年，这里的农业开始慢慢发展。人类的物质生活得到了更大的满足，开始进行更多创造性的物质生产，创造出与其他地区不同的物质产品。此时，人类社会真正从石器时代进入了文明社会，苏美尔文明、古埃及文明、古爱琴海-克里特岛文明等等很多古代文明开始涌现。

伊朗高原是一个特别的历史单元，伊朗高原的地理面貌是群山包围、托起来的一块高地。东边是兴都库什山脉，西边是扎格罗斯山脉，北边是厄尔布尔士山脉。扎格罗斯山脉连接的是两河流域的文明，这是很好的农业种植区，因此伊朗高原的人们和两河流域不断往来互动，逐渐进入农业文明阶段。而北部的草原地带所孕育的草原文明，穿过厄尔布尔士山脉，进入到伊朗高原。伊朗高原就像一个“汇融”之地，不同的文明在这里汇聚、融合，变成了一个更强大的、更有力的、能够被更广泛接受的文明，再反向输出。所以对伊朗高原文明的观察，能够更好地帮助我们理解丝绸之路的很多问题。

伊朗高原北部的草原是古代印欧人的发源地。有些学者认为，公元前4000年至公元前2000年，由于特别的自然环境的变化，这里的人类为了生存而开始迁徙，进入了印度北部、欧洲草原以及伊朗高原。早期的伊朗高原文明，比如公元前约3000年的埃兰王国，位于与古巴比伦两河流域接壤的地方，虽然属于伊朗高原的文化圈，但它与苏美尔的农业文明有着非常深的互动。

这个时期，苏美尔的农业文明向伊朗不断扩张。很快在伊朗高原就出现了两河流域常见的滚轮印（图2）。这相当于一个滚筒状的雕版，在软泥板上滚一遍，就把一幅画滚出来了。这个时期的古代人创作这些画，应该不是艺术创作，而是表达自己身边的世界。比方说画中有一些特别高大的人，他坐在椅子上都比站着的人还要高大。在地中海、西亚，法老都是这类坐着也特别高大的形象，而前面的大臣站着都比他矮。于是我们就能推测，这幅画是在表达人地位的高低不同。所以这幅画是对身边世界的一种描述。

在伊朗高原上，还有一个大家很熟悉的王朝——阿契美尼德王朝，这是一个横跨亚非欧的帝国，拥有特别广袤的国土。阿契美尼德王朝的银币（图3）很有意思，上面印着一个奔跑的国王，头戴皇冠，手里拿着弓和矛。这样的图案想表达什么？首先，这个奔跑运动员的动态姿势，其很容易让我们想起地中海的文化表达。古希腊塑造的神和英雄形象，一般都不是端庄肃穆的姿势，而是采用动态的姿势。同时，这个银币上人物穿戴的长袍、皇冠，以及发型，又都是伊朗高原本民族的风格。手里头拿的弓，在草原

3

公元前6世纪 阿契美尼德银币
上海博物馆藏

文化中是权力的象征。货币本身就像国家的正式文件，这样的设计就是为了向全国昭示国王的权力，国王拿着弓是来保护大家的，同时大家也要效忠国王的。

这就是文物有意思的地方，它的形态是动态的。结合历史，我们知道阿契美尼德王朝在这个时期正处于战争状态，从文物上看，当时的文化也是一种超级融合的状态，通过战争，两方的文化也形成了一种交流，你中有我、我中有你，文化的表达也是互相借用的。放在整个人类文明进步的维度来看，战争也造成了一种交流。当时的伊朗高原一直在跟地中海区域进行着互动和互融，人们不断在丝绸之路这条通道上行走，这是很了不起的。

公元前 6 世纪的阿契美尼德王朝国土非常辽阔，这个国家以自己强大的军事实力征服了不同族群的众多政治势力。这些政治势力与阿契美尼德的关系类似于诸侯国的臣属关系。每年春夏，阿契美尼德的国王就会搬到山区避暑，各地的诸侯国就派代表来，表示尊敬、进献贡品，表达政治从属关系。在目前发掘的遗址中，就可以看到王都波斯波利斯。这是一片很庞大的宫殿群，附近是大片的绿洲。

波斯波利斯出土许多精美的雕刻。这些雕刻不仅仅是为了美观，它们就像照相机一样，把当初有人前来进贡的盛况、宣示政权的铭文等全部记录在石头上。我们甚至能在雕刻上看到穿着明显不同的埃兰人、捧着特色贡品的西徐亚人，以及巴比伦人、吕底亚人等，在这些雕刻上，能看到当时各式各样不同的文化，看到每种文化的特殊性以及他们的共性。

当时，阿契美尼德王朝有个很了不起的成就，就是在它的统治范围内建了驿道，将全国各个地方连通了起来，每个地方都有固定的税收。驿道的建成使得军事上调兵速度加快，更重要的是保证了商道的畅通，由国家来提供统一的保护，国家也能够有税收。

从经济角度来说，阿契美尼德将这片区域连成一体，它对人类文明发展，起到了至关重要的推动作用。

随后就是公元前 3 世纪至公元 3 世纪的帕提亚王国，汉语文献中称其为安息。安息王朝拥有特别出色的战术，擅长骑射，擅长打败罗马的重装骑兵，他们的装扮都带有草原民族的特点。安息王朝的钱币上，使用的居然是地中海的希腊文字（图 4），钱币正面的国王浮雕，不管是发型、帽冠还是胡子，都是他们自己民族的风格，背面的国王坐在椅子上，举着象征权力的弓，则是草原文化的标识。

接下来的萨珊王朝与安息帝国的钱币又完全不一样了（图 5），是完全使用了本民族的风格和文字，背面用的是琐罗亚斯德教的祭火坛。所以，文化在成长的过程中，也在不停地融合，成长成为具有自己民族特点的东西。

总而言之，伊朗高原始终与西邻两河流域的农业文明交融；而后北部草原的印欧部落南下，为其注入了草原文化，催生出“伊朗”元素；它又始终与更西部的地中海文明角逐，在军事上对抗，在文化上交融；等到萨

4

公元前2世纪 安息王朝银币
上海博物馆藏

5

公元3世纪 萨珊王朝银币
上海博物馆藏

珊时期，伊朗再度回归舞台中心，确立“伊朗”化。伊朗高原与它西边和北边的邻居一直是强烈互动的，而东边的中亚地带，以及河中地带和南部都是它的政治和文化影响的区域。

中部：中亚与南亚北部和古代新疆地区

约公元前3500年开始，人类从石器时期步入文明社会，丝绸之路中部的诸多古代文明都被游牧部落包围。游牧人群主要分为三大类：东欧大草原的古印欧人、阿拉伯沙漠地带的闪米特人、北亚大草原的匈奴。发生在丝绸之路中部地段最重要的历史事件就是亚历山大东征。这个历史事件的发生，把地中海的希腊文化用最快的速度直接带到了印度北部和河中地带，并在那里生根发芽。

从人类文明进步的角度来说，这是个非常值得记录的事件，因为地中海文明的注入，产生的文化产品，是非常精美的。

高度希腊化的马其顿人、希腊文明的杰出代表亚历山大东征，给中亚地带带来了“希腊化时代”。这种希腊化，可以从人们的着装，建筑风格看出。当时的建筑中出现了有类似神庙的很高的殿堂，还有柯林斯柱、爱奥尼柱，以及希腊充满动态美的雕塑塑像艺术。

值得我们关注的是，他们非常擅长推广自己的文化，他们不以侵略者的方式呈现自己的文化，而是在接纳对方文化的同时，用对方的话语体系来表达自己的文化。例如，希腊钱币上印的是神，很少使用国王的像，他们认为神这种不可冒犯的力量才能承担信用的担保。但是在中亚、西亚地区，钱币上印的是国王，因为当地人认为是君权神授的国王才有资格出现在钱币上。于是，希腊人就在钱币的设计上做了个巧妙的置换——他们使用了一个非常具象的人头，我们可以想象希腊人对当地人表示这就是亚历山大国王。但是他们又给这个所谓的亚历山大戴了一顶狮皮帽，狮皮帽在希腊文化里隐喻的是大力神赫拉克勒斯。这是希腊人在中亚推广自己文化的方式，他们把自己的文化融入对方的话语体系里。

另外，在阿富汗，考古发现了希腊神庙式的殿堂建筑，证明了希腊远征军把古典艺术和希腊文化传入东方。希腊人的特点是每征服一处就修筑一个城，他们会在城内兴建体育场、希腊神庙、希腊式住宅和浴室等，这些建筑也与当地的建筑特点进行了融合。

这里面特别值得去关注的是公元 1—4 世纪存在的贵霜王朝，它的疆域北达咸海，南到印度的温德亚山，东至葱岭帕米尔，西抵伊朗高原。如果把丝绸之路看作一片道路网络，贵霜王朝就像在十字路口上的一个交通枢纽。根据史料记载，张骞出使西域回来之后报告说，在古代乌兹别克斯坦一带见到了四川的竹杖，可见四川可以进入到印度，从印度再往北走，来到这里做生意。所以丝绸之路不是单独的一条道路，而是一片道路网络。贵霜就在丝绸之路网络的十字路口上。汉代文献记载，贵霜王朝是从北往南发展出来的，原来在河中地带，有几个草原部落群体，这几个部落慢慢互相兼并，最后形成了贵霜王朝，并且逐步把政治势力延伸到印度北部。记载显示，当地有很多城，但没有最高国王，而是每个城都有个小国王。这就是典型的希腊化时代的遗留。另外，贵霜王朝的军事力量薄弱，但是商业贸易能力优秀。这正是典型的丝绸之路中段的特点。贵霜王朝对于东西方，对于周边的古代中国、印度、伊朗等都十分了解，他们就像一个中间商，不以军事来跟周边强国对抗，而是善于做买卖挣钱。贵霜就成为了草原文化、印度文化、希腊文化、汉文化等异质文化的中间之地。在贵霜王朝的王冠上，可以见到居住在草原的斯基泰人喜欢的黄金制品。

在贵霜的石雕神像上，我们还能看到两河流域、地中海文明中的常见的高背椅，彰显人物的社会地位很高。但石雕人物的发型、衣服全是希腊式的，但姿态又是端庄的，不像希腊人的雕像那么动态。这尊石雕手里拿着的是丰饶角，说明这是地中海文化里常见的富饶女神，即丰收女神。所以，地处“十字路口”的贵霜会把各个文化用来表达某些概念的东西融合在一起，让周围地区的所有人都能理解。如果把图像想象成语言，这个语言几乎就是一种通用语言。这对当地的商业贸易来说也是一种极大的促进。

在丝绸之路上交流的不仅仅是商品，更是观念，是信仰，是文化。丝绸之路上的互动不仅能让商品流通，让当时的人直接获得经济利益，更对人类文明的进步有重要的意义。

敦煌之美也是把很多西方艺术形式的表达方式，通过新疆，通过敦煌，一步步传到中原，变成中华文明的一部分，丰富了中华文明的表达。例如在和田发现的木器，因为和田紧相邻贵霜，所以它是受了很多贵霜王朝的影响，包括这件下面是榫卯结构，上面有打磨痕迹的木器。原本我们不太清楚这件很小的木器是做什么用途的，但是在遥远的波斯波利斯，我们发现在宫殿建筑里，类似的双头牛和神兽木器，经常被作为房梁的承托器。还有在和田发现的这种调色板，也有学者认为这是贵霜人的产物，居中的贵族身材高大，坐在中间，手持杯子，仆人有的举着拂尘，有的正给他倒酒，对面是恭敬行礼的使者。就像被记录下来，古代人日常生活的一幅照片。

东部：古代中原王朝

约公元前 3500 年开始，丝绸之路东部的农业发展，物资丰富。约公元前 3000 年，古代中国出现夏商文明。考古人员在甘肃发现了青铜鍑，这个青铜鍑与中原的青铜器风格有着明显的区别，它更像草原上的青铜鍑。其他地方出土的金片上面的孔洞说明这些金片是缝在纺织品上的，也是热爱黄金的草原人的典型的配饰。东汉时期出现的一些金器上使用了点金珠的技术，这门技术也不是中原的，是从西方传入的。

从考古发现上看，在张骞之前，中国与西方就已经有了商业上的来往。但是张骞开通的是官方渠道，相当于正式地与丝绸之路上的国家确认了道路的存在和走向。他是以外交官的身份出访，这次出访是从官方层面打通了古代中国和丝绸之路国家的外交联系，但丝绸之路的出现则更加早。

像北魏封和突墓出土的银质耳杯，很明显是汉式耳杯基础上的创新之作。它的足边、耳杯两耳边均装饰银粒联珠，这是萨珊艺术风格中的经典装饰。出土于山西大同北魏封和突（438—501）墓的鎏金银盘、出土于新疆焉耆七个星乡的鸵鸟纹银盘银碗和萨珊银器几乎一模一样。尤其是何家村出土的唐代金银器，说明在唐代，中国与西方的物资交流已经到达了一个高峰。这些文物就是历史的铁证，通过这些我们可以知道，古代的亚洲东部到西部尽管相隔有上万公里的路程，但很多文化之间的互相影响是无处不在的。这种影响是你中有我、我中有你的。那个时候没有现在的飞机火车等便利的交通工具，只能靠人力、靠马来进行长途旅行，但上万公里的距离并没有造成什么隔断。对人类文明来说，丝绸之路和丝绸之路带来的这种文化之间的互动是非常了不起的。

这里有一张唐开元二十年（732）的石染典过所（图 6）。过所类似古代的护照。此件文物是粟特人石染典携带着安西都护府颁发的过所，从安西到瓜州经商，“市易”后，为返回安西，又请求瓜州都督府发给回去的过所，因此瓜州给他签发了过所。由于从瓜州到安西要经过铁门关（今焉耆与库尔勒之间），所以在过所里特别注明此关。这件文物特别有意思的，一是他证明了“市易”这个活动的存在；二是上面写有“驴十头”。在丝绸之路上，马是人骑的。骆驼是运货的，因为骆驼坐起来不方便，而且骆驼很适合在沙漠运货，如果一个商人选择的是骆驼，那他很可能选择走的就是沙漠的路线。驴也是运货的，但驴主要是走山路的。这件过所是在吐鲁番出土的，所以我们推测他从吐鲁番走进了天山，然后沿着天山一路行进，从伊犁草原进入了乌兹别克斯坦。

在克孜尔的壁画里面，出现了萨珊皇冠里面常见的鹫头王冠。西安出土的菩萨雕像中，也出现了类似的皇冠。这种伊朗的文化特点的表达出现

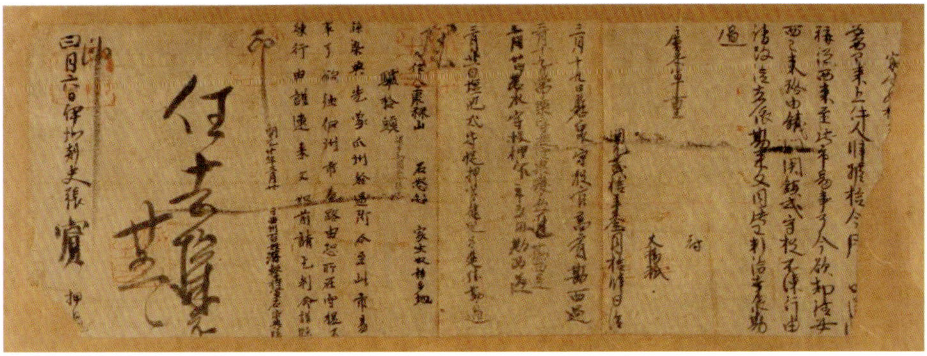

6 唐 石染典过所 新疆维吾尔自治区博物馆藏

在相隔很远的长安。还有西安市北郊发现的北周史君墓，墓主史君为北周凉州萨保，他出生于中亚，来到中国之后又成为了中原的一位官员。墓中出土的石椁整体看上去完全是汉化的唐代建筑造型，但是其上的装饰画面却充满了粟特人的文化元素，比如拜火教的火神和火坛，还有非常伊朗式地表达“经商”“射猎”以及“死后进入另一个世界”等展现他生平的图案。石椁的造型显示出墓主是一位中国的官员，但是细节处又表现了这是拥有中亚文化基因的人。实际上，在东部和西部，我们都发现了类似史君墓的案例，就是生活在中部的古代人，他们在政治上没有自己的表达，而是为了做生意，选择融入其他文化当中。

通过以上的这些文物，我们更能加深理解，丝绸之路不是简单的一条路，而是一片道路网，它对公元9世纪之前，亚欧大陆上的人类文明发展至关重要，东西南北很多不同的文明都通过这片道路网络在互动，在互相的学习和交融，最终形成了现在你中有我、我中有你，丰富多彩的人类文明。

西部世界是以伊朗高原为主体的，它融合了希腊、罗马文明，以经济贸易的方式不停向东边发展；中部世界处在东西方的中间，是文明的传递者，它追求经济贸易的高利润，最大的推动力就是经济效益，居住在丝绸之路中部的人群成为了文化交流的使者，他们传播的方向以从西向东为主，偶尔反之。东部是以中华文明为主体的，融合了整个东亚世界。东部向外拓展的主要推动力并非经济而是政治，我们希望能扩大自己的影响力。今天，研究丝绸之路会让我们认识到，中华文化不是孤立的存在也不是独立发展起来，中华文化始终与世界其他文化互鉴互融，共同发展。这也是丝绸之路的真谛。

扫码观看《文物里的丝绸之路》现场内容

第七讲

黄　翔
上海博物馆考古研究部主任
副研究馆员

田野考古的那些事

近几年，考古成为一个越来越热门的话题。目前国内的重大考古发现、媒体对考古的关注，以及众多相关影视剧的热播……都让很多人对考古人的身份和考古学家所从事的工作心生好奇。身为考古工作者，也切实感受到了这股热潮，有时无意在外透露了自己的职业，总会被人抓着询问工作中的各种细节。

对于考古，大多数人通过新闻报道或多或少都能了解到。考古展览也成了博物馆里的新贵，市民排队观展的情景屡见不鲜，还出现了考古专题博物馆。不过，考古工作并不只是在媒体中大家能看到的那些事，历史也并不只是博物馆展览中的那些物。事实上，考古的真面目，埋藏在田间地头，埋藏在考古学家所战斗的一线。今天，就来跟大家聊聊这些故事。

一、田野考古的基础

1. 什么是考古

考古，根据《中国大百科全书·考古学》上的定义，是指“根据古代人类通过各种活动遗留下来的实物，以研究人类古代社会历史”的一门科学。考古学尤其强调实物，这跟一般的历史研究不同，所以，应该将考古学理解为一门实证科学。

1）遗迹和遗物

实物资料主要包含两方面的内容：一为遗迹，二为遗物。

遗迹，简单来说，即从田野发现的古人遗留下来的房屋、村落、道路、运河、墓葬等人工建筑和设施。在考古遗址公园出现之前，一般人是很难看到遗迹的。

在博物馆里展出的文物，都属于遗物。遗物按其用途可分为生产工具、武器、生活用具、艺术品和礼器等；按其质料可以分为石器、玉器、铜器、铁器、金银器、陶器、瓷器、骨器、角器、牙器、贝器、竹器、木器、漆器和丝棉织物等。

作为考古研究的重要对象之一，遗迹里蕴含的信息是极大的。实际上，遗物均出自各类遗迹，也就是说，博物馆里的绝大多数文物除了自身所携带的信息之外，还有很多信息是隐藏在与其相关的遗迹中的。要想比较全面地了解考古信息，对遗迹和遗物两个方面信息的掌握是必须的。

田野考古作为考古工作最重要的环节之一，其首要任务就是解读遗迹的信息。

2）相对年代和绝对年代

每每谈到历史研究跟考古研究，规避不开的就是对于年代的判断。在考古学中，有两个年代的概念：一个叫相对年代，一个叫绝对年代。

相对年代，就是利用地层学的顺序，来判断遗物的相对年代的早晚，也就是在两者或几者之间，谁的年代早一些，谁的年代晚一些。

但如果考古学家在发掘中能够发现文物上有明确的年代记载，则称之为绝对年代。例如，发掘某一座墓葬，出土的墓志铭写了详细日期。

不过发现记有绝对年代信息的文字史料的几率并不高，所以一般情况下，在田野考古中，考古学家运用更多的，仍是相对年代的判断。好在随着科技的发展，如今判断绝对年代的技术手段已经越来越多了，常见的有：放射性碳素断代（常被称为“碳 14”）、古地磁断代、树木年轮断代、铀系断代、热释光断代等。这些技术使得考古学对于年代的研究有了更多方法。

3）考古地层学和考古类型学

在考古学中，有两个重要的方法论：考古地层学和考古类型学。

考古地层学，是指对地层堆积和遗迹之间的相互关系的研究，即在考古发掘中判明地层和遗迹的相对年代关系的学问。有意思的是，考古地层学并非考古学本身发展出来的，而是从地质学引入，经过历代考古学家的丰富跟拓展，从而形成的一种考古学理论。

对此，考古学家有一个十六字的“武功秘籍”，也是考古专业学生通常第一个学会的口诀——“土质土色，区分堆积；叠压打破，判断早晚”。短短十六字，其实讲述了考古学中的两件大事：一个是区分堆积的方法，一个是早晚关系的判断。如果能把这十六字口诀融会贯通，那么便能进入田野，成为一位合格的考古匠了。

考古类型学，是指对收集到实物资料，进行科学地归纳和分类分析、比较研究的方法论。它被大量用于研究陶器、瓷器等使用周期短、变化较明显的器物。同样有趣的是，考古类型学的概念是来自生物学的分类方法。考古学家将这个方法用于考古工作，对器物进行分类，再根据形态的变化，来探索器物早晚演变的规律。

2. 什么是地层

地层作为田野考古的主要研究对象，按照一般的堆积规律，下部堆积的年代会比上部堆积的年代早一点。就如同一块完好的千层蛋糕，经大自然的妙手，从下往上一层一层堆叠形成。

广富林遗址里就有这么一个典型的地层剖面（图 1），不同颜色的地层

1 广富林遗址地层剖面

被工作人员以刻线区隔开。这种区分不同地层的能力，也是考古学家的基本功之一。

1）文化层的定义

一个地层，就是一个堆积。考古学家在田野作业时，通常会先发掘上层堆积，再发掘下层堆积。而文化层，亦称“文化地层”，特指遗址中人为活动所形成的土层堆积。在考古田野调查中，文化层是判定遗址最重要的关键。那么要如何来寻找文化层呢？

近年来，文学影视作品中常出现的盗墓故事，让很多人知道了一种非常重要的工具——洛阳铲（图 2）。洛阳铲可以说是由盗墓者发明的一种工具，它的作用就是帮助使用者来判断地底下地层堆积的情况。由于中国地

2

洛阳铲
图源：网络

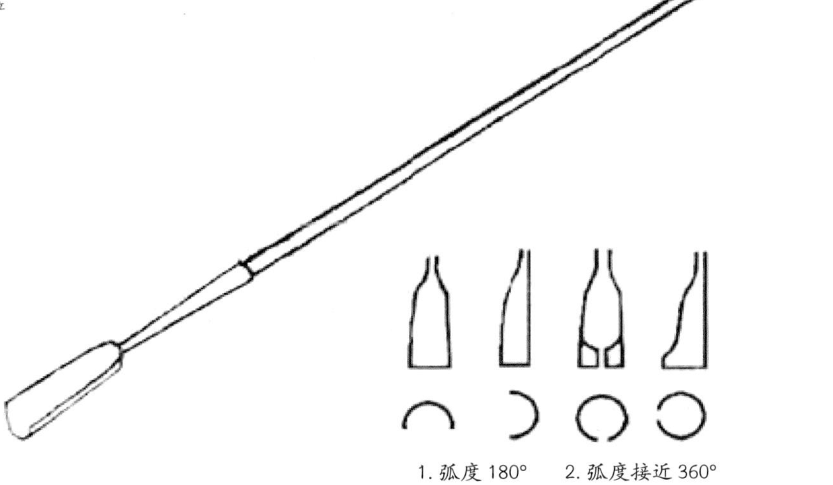

大物博、幅员辽阔，土壤的堆积情况各不相同，因而洛阳铲也有不同的种类和不同的作用。

很多人在听闻盗墓故事时都会好奇，为什么那些不法盗墓者会比考古学家更早发现历史遗存？而且盗墓者对于墓穴文物位置的判断为什么总是特别准确？其实这当中多是文学影视的夸张。事实上，凭借考古学家的专业知识，他们能对历史遗存的方位、性质等做出准确的预断，只不过考古学家有严格的工作规范，不能为利益所驱动“说挖就挖”。

2）文化层的寻找

至于盗墓小说中听起来很玄乎的“探穴认眼”的方法，其实就是判断脚下的地层是否有发生变化。一般地层正常的堆积方式是水平状态，而古人的挖坑填埋等人为活动，会使地层原有的水平堆积被破坏，形成扰动。大家试着回想刚才提到的那块千层蛋糕，如果从顶部挖走了一块，再把挖出来的蛋糕填回去，是不是千层蛋糕原来的水平状堆积也就发生了明显的扰动呢？盗墓分子就是通过找寻这些扰动点，来初步判断地下是否会有古人遗留下来的东西，再根据这些扰动所形成的平面形状，来判断一下到底是墓葬、房子，还是水井，或其他相关的遗迹。

所以，“探穴认眼”并没有那么神奇，它只是盗墓者通过洛阳铲所钻取到的土壤情况，分析土质土色的变化，对地层进行的基本判断。盗墓者所遵循的规律和经验，其实就是“土质土色，区分堆积；叠压打破，判断早晚”这十六字的内涵。但是考古学家要做得更多的是根据钻取出来的土壤里土的变化，来判断不同的堆积，如果里面含有人为活动留下的线索，那就可以判断它所包含的地层可能就是文化层。

寻找遗址的方法是通过钻探。那么在钻探过程中，考古学家会发现的信息，哪些是跟人类活动有关的呢？典型的例子就是红烧土颗粒（图 3）。由于红烧土块通常不易自然形成，需要经过长期的烧烤或烧灼才能形成，

3 考古钻探发现的红烧土颗粒

所以它的出现就代表着有人为活动的线索。考古学家一般就是通过发现这些线索来寻找遗存。如果运气好的话，在钻探的过程中，还可能会直接钻到一些陶器、石器、瓷器的碎片，那就更能说明文化层的存在了。

3. 什么是田野考古

电视里能看到的考古发掘现场，通常是呈棋盘状的恢宏场景。

1）工作方法

这样的场景是由若干探方所组成的，单个探方是由探方主体、隔梁和关键柱构成的。一般情况下，隔梁设在探方的北侧和东侧，隔梁相交形成关键柱，再加上考古发掘的部分，从而形成一个方块的形状（图 4）。通过在广富林进行过的最大一次大面积发掘（图 5）的航拍照片，可以看到密密麻麻的探方非常规整。

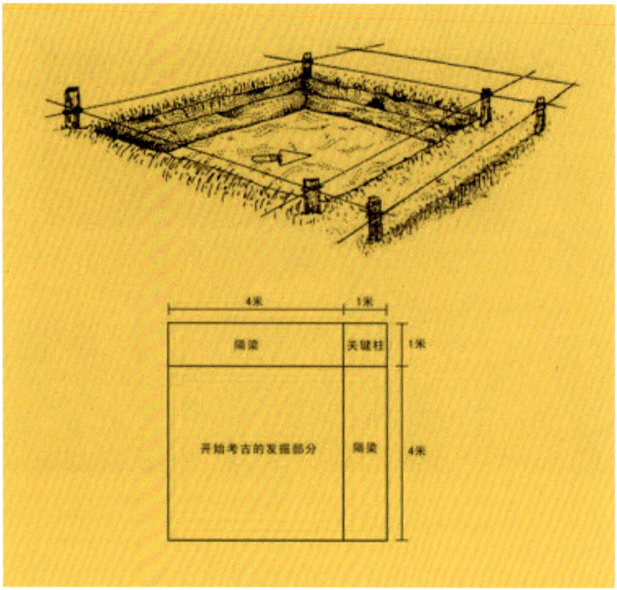

4

探方结构

图源：网络

5

广富林遗址发掘探方

那么使用探方发掘的目的是什么呢？简单说来是为了记录考古发掘发现的遗物和遗迹的空间位置信息。规整的探方就相当于不同的经线、纬线，再加上深度，从而形成一个完整的三维坐标。这样能更有助于考古学家科学地记录考古发现。

2）工作内容

尽管考古学家大部分时间都在田野里不断地重复一样的动作，看似十分枯燥，但每一次作业里的细微差别，都需要他们结合实际作出不同判断，这也使得田野考古工作有了吸引人之处。如何指挥团队进行发掘，如何提取其中的文物，都必须建立在缜密的判断基础之上，可以说，考古工作者的主要工作内容就是在做判断。因此，在田野考古的过程中，经常会出现数位技术人员聚在一起研讨的情况（图6）。

除此之外，田野考古的现场工作还包括绘图、记录、采样等，以期能掌握更多的历史信息。随着技术手段的增加，如今还有全站仪能对考古现

6

现场技术人员研讨

场的发现进行高精度的定位和测量。

等回到了室内，考古学家还有一系列重要的工作，常见的有拼对（图 7）、修复、淘洗等。为什么要做这些事呢？举几个例子：从泥土里面淘洗出来的植物孢粉跟植物种子（图 8），可以为考古学家了解古人的生活环境、饮食习惯等提供至关重要的信息；发掘出来的动物骨骼（图 9），也需要经过

7 后方技术人员拼对

8 挖掘出来的植物孢粉跟植物种子

9 发掘出来的动物骨骼

生理构造、遗传学等后期研究。

所以，大家在博物馆里看到的，仅仅是考古学家一小部分的研究成果。事实上，考古工作的信息被大量地保留在了考古工作的现场，而考古学家的所有工作就是对这些信息进行解读。

二、广富林遗址的发掘

接下来，将通过广富林遗址发掘过程中的一些故事，来跟大家共同解读这本大地之书。

2015年，广富林遗址进行了迄今为止最后一轮的大规模考古发掘（图10）。和以往细致但小规模的发掘不同，这一次的发掘面积接近4000平方米，为考古学家提供了一种与以往不同的视角。正是在这一次的大规模发掘中，考古学家发现了一处良渚文化的土台（图11）。这可以称得上是广富林遗址考古工作开展十几年以来，最重要发现之一。

10 广富林遗址挖掘航拍图

11 良渚文化土台航拍图

1. 广富林土台的发现

广富林遗址发掘出的土台，揭露面积约 1200 平方米，东西长约 55 米，南北宽约 40 米，最厚的堆积约 3.8 米，方向是北偏东 30 度左右，属于良渚文化时期的建筑遗存，结构呈现出多重合围的特点。

1）主体结构

那么这个土台是如何被发现的呢？考古学家在 2015 年的这一次发掘中，察觉到探方中的一些条带状的堆积（图 12-1）有点不一般。这些堆积虽然看起来花花绿绿、斑驳不堪，但是又有一定的规律，呈现出条带形的分布结构。

12-1 广富林遗址挖掘探方中的条带状堆积

12-2 局部剖面

于是考古学家采用平剖结合的方式，在东侧（图 12-2）、北侧剖面分别发现了西南高、东北低的坡状堆积。这种坡状堆积，一般多见于土台或宫殿的台基之中，因而考古学家推断这里有人工建筑的遗存。而堆积中红烧土块的发现（图 13），更帮助专家确定是人为的遗迹了。

13 良渚文化土台红烧土块

通过对堆积形状的勾勒，考古学家发现这是一个重圈结构（图 14-1）——外圈为草铺泥（图 15-1），即用草和泥一层一层地堆叠，中间部分则由一种特殊的泥砖垒砌，从而形成了两种不同的堆积，两种堆积呈条带状的分布，大空间尺度下呈曲尺形。其中，最重要的两层堆积就是红烧土，是有意用红烧土块堆积而成的。以上这些就是土台主体结构的情况（图 14-2）。

2）草铺泥和泥砖

草铺泥（图 15-2）作为土台的外围结构，范围很大，但发现过程却一波三折。工作人员也是在一次偶然的剔泥过程中，突然剥离出一个面，意识到可能是某个新的发现后，再通过对这个面的扩大清理，才发现了大面积的草的存在（图 15-3）。于是考古学家又返回发掘现场寻找线索，这才在探方壁面上斑驳的黄色泥土中间，发现了一些非常细的泥条夹层，而这些细细的泥条就是草铺泥中那一层层薄薄的草。经过详细的测量，草铺泥（图 15-4）两层草垫之间的泥土厚度约 5 厘米，草的铺垫厚薄也并不

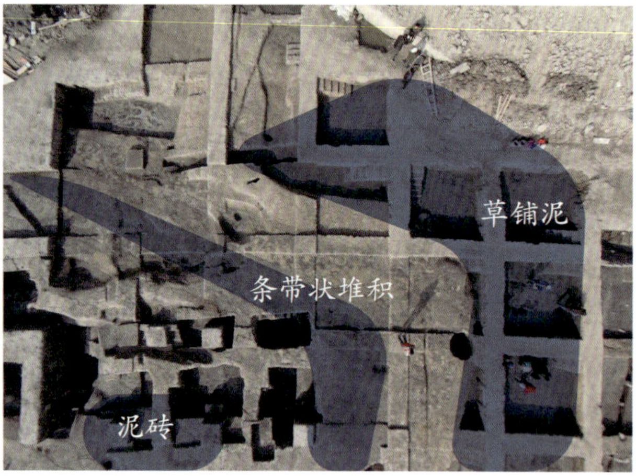

14-1 重圈结构

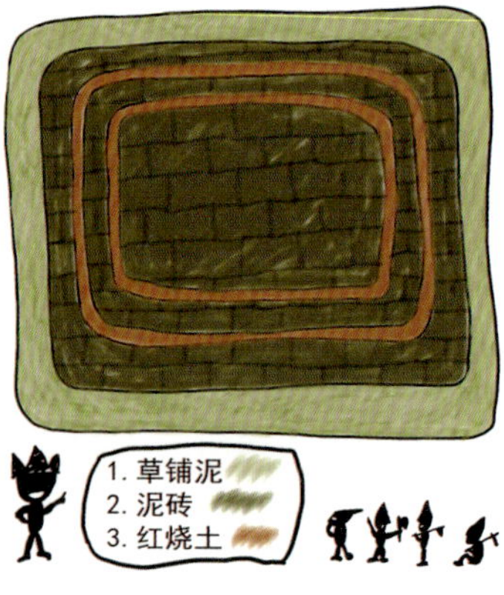

14-2 良渚文化土台重圈结构示意图

15-1 草铺泥结构

15-2 草铺泥结构

15-3 草铺泥剖面

15-4 草铺泥细节

均匀，有些地方薄得几乎看不见。正是因为这些草层实在太薄，所以一开始才并没有为现场的工作人员所发现。

那么土台中的泥砖（图 16-1）又是什么呢？它跟如今经过烧制的砖块并不是一回事，而是用芦苇包裹着泥土所形成的一种砖块。考古学家经过大量的工作，对泥砖进行了细致的清理，它们的长度为 40~50 厘米，宽为 15~30 厘米，经过挤压之后，厚度在 8 厘米左右，有的呈平铺状态，有的则是叠压状。经过多次尝试，考古学家终于提取出了一整块的泥砖（图 16-2）。经观察研究，这块泥砖的外侧包裹着的植物根茎，已经呈黑色的碳化状态，内部则是泥。这样的人工改造，是为了使泥砖更便于搬运，体现出古人的智慧。

16-1

泥砖

16-2

整块泥砖

2. 广富林土台的堆筑

那么当了解了条带状堆积的形成、草铺泥的结构，以及泥砖的构造后，是不是就对这个土台有了完整的认识呢？其实，现场的考古工作还远没有结束。

1）沟槽的发现

由于意识到这个土台是一个大型遗迹，考古学家在对它进行考古工作时，也打破了传统的探方模式，转而将它作为一个整体来进行研究。由于之前在这个土台的周边，曾发现了一些沟槽状的东西（图 17-1），令考古学家产生了疑问。因为沟槽一般是发现于比较晚期的遗迹里面，多是田垄旁的水沟一类的迹象，但是从广富林遗址发掘现场的叠压关系来看，这些沟槽的年代非常早，应该属于新石器时代。参考此前在浙江省的类似考古发现，专家一度猜测是否发现了良渚时期的水田遗迹。然而从堆积情况来看，这个土壤结构又跟以往发现的水田不太一样。

随后，考古学家在土台的北侧，也发现了类似的沟槽（图 17-2）。这不禁令人又生出一个问题：这些沟槽究竟是干什么用的？

17-1

良渚文化土台周边沟槽

17-2

良渚文化土台周边土台北侧沟槽

2）脚手片的发现

与此同时，发掘现场还发现了一样重要的东西——类似于篱笆或工地上的脚手片。这令现场的考古学家很震惊，因为这是距今至少有4000多年历史的一个保存完好的有机质植物残骸，而根据植物考古学后期的判断，这应该是芦荻。由于被发现时，它是平铺在发掘面，呈倒伏的状态（图18）。所以现场专家的第一反应，觉得这是一块经纬结构非常考究的脚手片（图19）。那么，这是不是意味着经过千百年的岁月轮转，人们现在的建筑方式依旧跟古代建筑方式有那么一丝丝巧合的相似？

18

遗址现场发现的倒伏于地的脚手片

19

脚手片细节

随后，现场又发现了新的线索，在一处断面中间出现了相类似的中空植物根茎形状，和此前发现的躺着的芦荻非常相似。这又令人提出了一种新的假设，芦荻是不是原来应该立在沟槽里头？然而没有更多的论据可以证明这个推论，直到考古学家在另一个剖面（图 20）里，再度发现了植物根茎的残骸痕迹。

于是在另外一个沟槽堆积里，考古学家采取了特别手段——解剖（图 21）地层，结果非常幸运地发现，这里的一处植物经纬结构被保留下来了，

20

剖面里的植物根茎残骸

21

断面解剖后出现的经纬结构

可以隐隐约约地看到交错编织的痕迹，和之前发现的倒伏于地的脚手片基本一致。由此基本可以判断，这些脚手片原本是插在深槽中间的，呈现纵横经纬的结构。后来考古学家又发现了更确切的证据，另一处断面中竖着的根茎结构非常明显。

3）木桩的发现

用芦荻制成的脚手片，以它的结构强度能用来干什么呢？如果它的强度不够，那么古人会不会通过插木桩来固定加强它的结构呢？这个猜想并没有立即得到支持，因为考古现场一切结论的成立都必须依靠证据的支撑。

直到在发掘了二十几条沟槽后，现场工作人员终于在其中一个探方的沟槽里找到了木桩的线索（图 22-1）——在长条形沟槽中间发现的浅色圆圈，其实就是木桩遗留的痕迹，木桩或许是被拔除了，也可能是腐烂了，从而留下了痕迹。而且通过圆形痕迹可以判断，木桩的位置偏在沟槽的一侧（图 22-2），这些木桩很可能就是和脚手片一起插在沟槽里的，以作为板筑用的隔板。沟槽就是遗留下来的板槽痕迹。

22-1

沟槽里的柱洞

22-2

沟槽里的柱洞

通过分析，考古学家还原了古人当时的堆筑方式：先挖两条沟槽，在两条沟槽的两侧分别插入脚手片，再以木桩固定，然后在这两个脚手片中间填入泥砖，以土掩埋，并根据此步骤逐渐向外施工。至于最初发现的那个倒伏着的脚手片，很有可能是在堆筑完成之后，不需要再使用，因此就被拔除，遗弃在一侧的。

4）沟槽的全面测绘

紧接着，考古学家对发掘区域里的20多条沟槽进行了全面测绘（图23)。测绘图里所见的沟槽密密麻麻，难以厘清规律，于是考古学家根据田野考古的基本规律“区分堆积，判断早晚”，把沟槽进行了重新梳理。在根据早晚关系排列的过程中，一个有意思的规律出现了：按照沟槽的修筑顺序，是从土台内部逐渐往外侧修筑，也就论证了这些沟槽是土台由内向外慢慢扩建的产物。

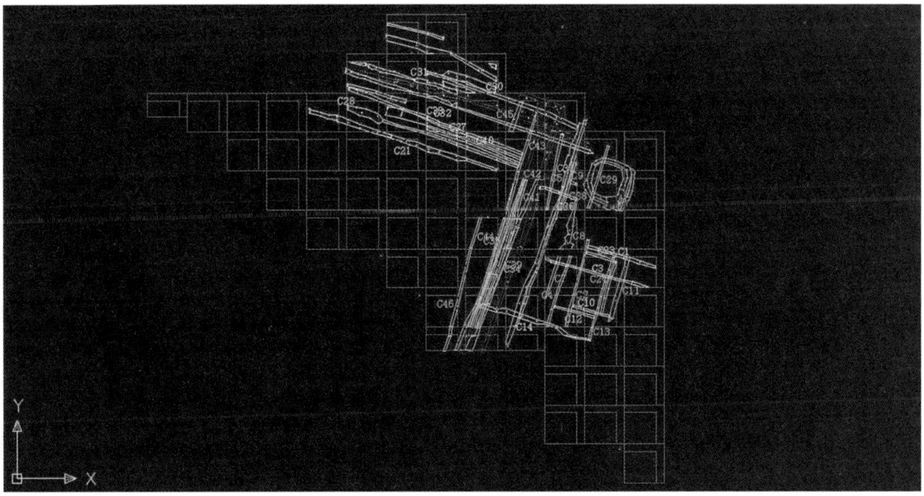

23
沟槽测绘图

于是，关于这些沟槽的基本信息也清晰起来：沟槽位于土台的东侧、北侧，与土台边平行。北侧沟槽与土台北边平行，沟槽浅、宽。沟槽内的填土与上层堆积一致，沟槽底部有草。东侧沟槽既有平行于土台东边的沟槽（南北向），也有垂直于土台东边的沟槽（东西向）。沟槽内的填土与周边堆积区别较大。南北向沟槽南部较深，往北较浅，宽度较一致；东西向沟槽深度变化很小。两个方向的沟槽有交错。沟槽跟土台堆筑有直接关系，或为板筑的板槽。沟槽可与堆土相对应，沟槽的早晚关系可以反映土台的堆筑方式、堆土顺序。

5）堆筑工程的推理

有了以上这些结论后，考古学家又对地层的相对年代进行了分析——沟槽内的填土与周边堆积区别较大，却与上层堆积一致，底部有草，由此判断沟槽和堆土的早晚关系，揭开了土台的堆土顺序和堆筑方式是由中心向外逐渐扩建的。根据堆土所形成的不同斑块（图 24），考古学家还可以研究这一工程所用的土量、古人施工的运量、取土的来源等信息。

24

沟槽中形成的不同斑块

尽管这只是对广富林土台一角的发掘，但窥一斑而知全豹，通过以上这些结论，整个土台的基本情况已经慢慢浮出水面——从发掘情况来看，土台外围是草铺泥，内部主体为泥砖。根据现场所发现的不同堆积，土台应该是有四个堆积阶段：第一阶段也就是最中心部分，用泥砖垒砌；第二个阶段最为特别，由两重红烧土堆积，有可能是堆筑的主体；第三个阶段，又呈现出与第一阶段类似的泥砖垒砌；而第四个阶段作为外围区，则出现了草铺泥结构，整个堆筑至此形成闭环，代表土台工程的大体完成（图 25）。

25

土台的工序示意图

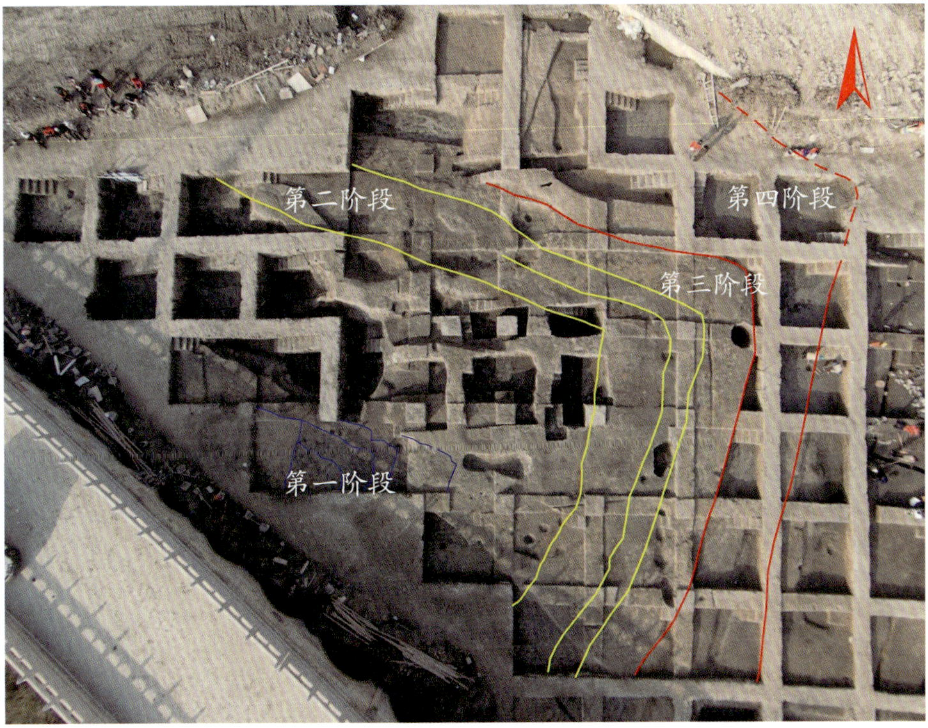

3. 广富林土台的意义

通过考古发掘，考古学家可以推断，先民堆筑土台是有整体规划的，他们对于不同方位所使用的堆筑方式、选取的土，都经过精心设计。考古学家的论证并没有就此停下，他们从考古发现的广富林土台的这一角出发，继续研究推理论证，获取关于整座土台的更多信息（图 26）。

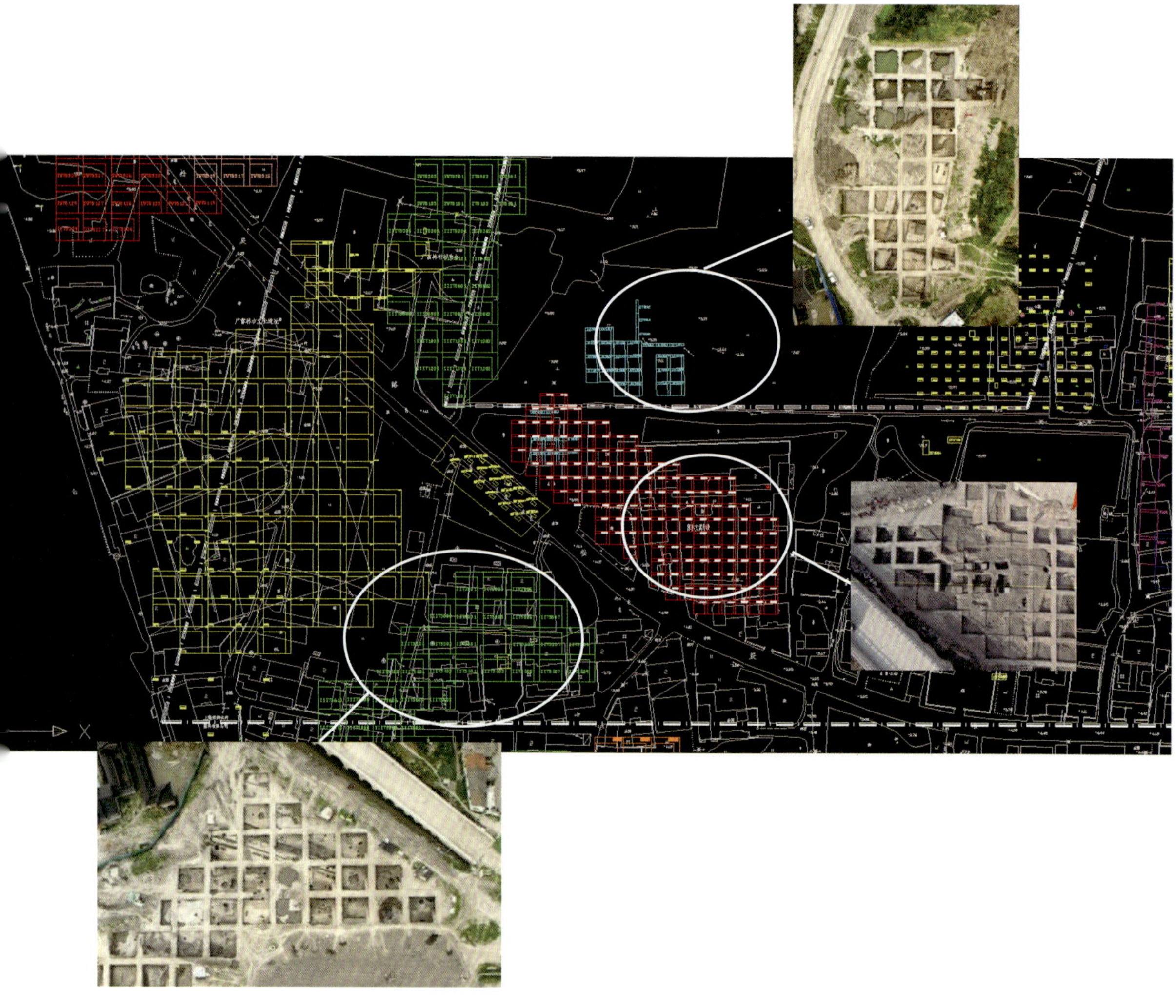

1）曾经的发掘

考古学家在广富林遗址的考古发掘工作是长期持续的。2010年，考古学家一度在土台的西南角位置进行过发掘工作，却错过了这个重大发现。直到2015年的大规模发掘，土台的发现令考古学家茅塞顿开，回过头去整理当年的发掘资料，这才恍然大悟，原来当年距离历史的真相只有一步之遥。

回忆2010年的发掘情况，考古学家曾发现过一种厚度超过1米的堆积，其中不见陶片等遗物，它叠压在生土之上，又非常类似于生土，还夹杂有一些不同土色的斑块，加之当时的实际发掘面积非常小，该堆积又在较大范围内都有分布，无法判断是否人为活动形成的，因此就被忽略了。

这一个小插曲说明了考古学家其实也是会犯错的，但他们在发现错误之后，能勇于反思，更能秉持科学严谨的态度，重新梳理、反复考证，由此才能不断还原历史的本来面貌。

2）旧资料里的新线索

考古学家们又翻阅了2013年的发掘资料，了解到在当时发掘区域的北侧，曾发现的条带形沟状堆积（图27左下照片），和2015年所发现的沟槽十分类似，而且方向几乎一致。当考古学家将2010年、2013年和2015年三次所发现的沟槽围合起来之后，竟然发现这个土台的面积远远不止1200平方米，而是5000~6000平方米，再加上近4米的高度，便测算出这个土台工程的土方量达到了惊人的24000立方米。由此可以初步判断，建造这个广富林土台绝对不是一个简单的小工程，而应该是经过严密组织和精细设计后，才能完成的良渚时期的重大工程。

这个发现给考古学家提供了新的线索：广富林遗址可能并不是以往推断的小聚落，小聚落并不具备完成这样一个大体量工程的能力。因此，良渚文化时期广富林遗址的规模和性质，都可能因为这个发现，需要重新评估判断。

与此同时，考古学家对土台的周边环境也做了整体研究。在土台周围有几片良渚文化墓葬区的发现，这座土台是被墓葬区包围的，也就是说良渚人是在墓葬区中间，专门堆筑了一个高台。

4. 广富林土台的用途

研究至此就结束了吗？依然没有。针对这个堆筑极其考究的高台，考古学家继续设问，它的作用是什么呢？是用来祭祀吗？或者墓葬？还是有别的用处？

1）相似的土台

他们首先查阅了周边地区相关的考古发掘资料，发现在良渚文化中，这类的土台、高台结构并不少见，几乎在每一个重要遗址中都有类似的高台遗迹存在。其中最著名的遗址就在良渚古城的莫角山，是当时的王城宫殿区，莫角山上就有大规模的土台存在，可能是高等级建筑的基台；在上海本地的福泉山，也有一座大型土台，发掘表明是一座专门用于贵族或者王族的墓地高台。

通过多方面的比较，专家确认了除莫角山的土台以外，目前所发现的大部分其他土台通常都在1000平方米左右，而广富林遗址的这个大型土台，规模之大在良渚文化遗址中名列前茅。至于广富林土台是否为祭台，还需要更严谨的研究比较。考古学家在分析了一些周边地区的资料之后，发现台型建筑大部分都跟祭祀有关，有些还会兼具高等级墓地的功能。

2）相似的脚手片

这时，考古学家留意到了在江苏省少卿山遗址所发现的大型土台。这个土台同为大型土台，占地面积1600平方米、土方量约10000立方米，巧合的是，在少卿山土台也发现了类似脚手片的残骸。这引起了考古学家的极大兴趣。他们推断，在两处土台不谋而合出现的脚手片，应该存在很强的相关性。

根据少卿山土台的发掘者当时对于脚手片的记录文字：“用两根芦苇并排为经线，五根芦苇并排为纬线，经纬交叉编制；其中经线一上一下错开，同层经线间隔2—3.5厘米，纬线间隔30厘米，见有三排。”可以推断出这种经纬结构跟广富林遗址所发现的脚手片几乎一模一样。不过经过仔细观察，考古学家发现两种脚手片的堆积性质并不相同：少卿山土台的脚手片“经线竖插入土20—30厘米”，是作为墙骨使用，是房屋的墙体结构，而广富林土台的脚手片是作为版筑的板使用。

少卿山遗址的良渚文化土台出土了玉璧、珠，以及完整的动物骨架，因而被判断是用来作为墓地使用，兼具祭祀功能。这一成果为判断广富林土台的用途提供了一定参考。

3）自身的特点

不过对于讲究实证的考古学研究而言，对广富林土台功能的判断，归根结底还是要追本溯源，结合其自身以及地域的特点。

在对广富林土台进行清理之后，考古学家发现它是建在一片洼地之中的。在新石器时代，由于南方地区水网密布，高地成了稀缺资源，良渚人通常喜欢堆筑高台，用来建造住所或墓地。按常理来说，最简单的方法就是找一个地势高的地方，可以节省工程量。可是，生活在广富林地区的良渚人又为什么宁愿多费力气去改变地貌，也要选择在洼地之中修建土台呢？考古学家猜测，正因为高地是稀缺资源，所以良渚人更愿意将之作为安葬有一定身份的祖先的墓地。而位于几处高台之间的这一片洼地，也可加以利用，良渚人便在此堆筑了一座高台。由此可见，古人对于土地资源的珍视。

其次，广富林土台和其他的良渚文化土台不同，它拥有特殊的泥砖结构。泥砖外层的草在新鲜状态下韧性极强，加之还包裹了泥土，因而在当时没有金属工具的情况下，良渚人是没有办法再对其进行挖掘破坑的。而草裹泥砖这样的建筑结构，在良渚文化时期通常会被使用在比较重要的建筑设施之中，例如事关防洪和航运的水坝。由此，广富林土台被作为墓地使用的可能性被排除了。

第三，虽然只露出了一个角，但从整体结构来看，广富林土台是一个方形。而且它的堆筑土色分别呈现红色（红烧土）、黑色、灰白色和黄色，堆筑时所用到的草在当时很有可能是青色。如果从空中俯瞰的话，广富林土台会呈现出重圈结构，土壤颜色非常丰富。这样的颜色分布，让人联想到在《礼记》《山海经》里都出现过的五色土。在历史文献的记载中，五色土通常与祭祀的概念有关。考古学家认为，古人对于这些颜色的选择是有意图的，尤其当他们在堆筑这个土台时有意采用了红色的红烧土，那么这个土台非常有可能就是如今所认为的祭地祭坛的雏形。

再结合广富林遗址土台周边的墓葬情况，这个土台很可能就是良渚人用来祭祖、祭地的一个综合性祭坛。遗憾的是，广富林土台关于祭祀的其他线索并没有保留下来，如果未来能有其他发现，则将进一步丰富考古学家目前的推断。

三、田野考古的魅力

最后，讲一讲作为一个田野考古工作者关于考古的一些理解。

1. 历史的拼图

现在大众对于考古有很多不同的认知，比如有人说考古学家是证史神探，也有一些人认为考古工作和法医相似。确实，考古工作和断案很像，需要不断寻找线索进行推理。

不过从另一个角度来看，考古学家或许更像是一个拼图师。当时间像一个淘气的孩子，把历史打碎成无数碎片，考古学家就要去找出这些碎片，重新还原、解码历史。每一次在考古现场发现的不同线索，就像是那一块块历史拼图的碎片，当把这些碎片集合在一起，将之拼对起来，又会形成一块更大一些的碎片。

当然考古工作也有遗憾，那就是寻找碎片的过程是永无止境的。在一个考古学家的个人研究生涯里，是很难完成一张完整的拼图的。中国考古事业发展已经有 100 多年了，但这幅拼图还要不断地拼下去。也许考古工作目前所取得的成就，可以使这幅拼图的某一个角落变得清晰起来，但如果从更高远的视角来看，它依旧还只是一幅更大拼图里的一块小碎片。所以，考古学家就是一个在不断收集碎片、不断完成拼图的职业。它的魅力就在于：你也许永远不知道终极答案是什么，但是你永远在追求终极答案的过程之中。

2. 永不停歇的考古工作

从事考古工作，所耗时间漫长，过程也总是迂回曲折，有时还要不断推翻自己的判断，但这依然十分幸运，也十分值得。例如广富林遗址土台的发掘过程中，考古学家花费了五年的时间才发现当初的误判，找到答案；又或许在未来，广富林遗址发掘工作重启后，又有了新的发现，可能会进一步佐证现在的判断，抑或是会有颠覆性的新发现，推翻今天的结论。但无论如何，这对于考古研究都是有积极意义的。

考古学家在做每一个推断的时候，都是有“风险”的，但考古学家并不太在意“犯错”，因为现在的一切判断和推测，都是在为后人做这些相关研究做好铺垫。就像人们不会忘记最早发现广富林文化的宋建先生，也不会忘记黄宣佩先生对于上海古遗址文物保护发现的贡献。他们当初的工作是现在考古工作的基础，现在的考古工作也是为将来做铺垫。甚至可以说，考古学家是极其乐于接受自己曾经的猜测被推翻的，因为这代表了考古学科的发展，也代表着上海的考古学者正在不断前进，人类正在不断接近历史的真相。

现在有很多学生朋友经常会来咨询，如果将来想要从事考古工作，那么现在应该做些什么知识储备，或者从哪个方向去努力。其实考古学科是一门综合学科、交叉学科，因此，无论你现在喜欢做什么方向的研究，都尽管去做，哪怕是理工科的，天文、物理都可以。因为考古的交叉属性，决定了任何一种技术手段都可以为研究古代人类的文化历史作出贡献。比如本文开头所提到的用科技手段来解决年代的问题，夏商周断代工程中有很大一部分的内容就是通过天文考古学来进行的。所以，对于有志从事考古工作的同学来说，关键不在于你是什么专业、什么方向的，只要保持对考古或历史的兴趣，就可以加入到考古研究的队伍当中来。

最后，希望大家能多一点了解考古，多一点关注考古，因为考古的发现和研究，离不开所有人的努力。

扫码观看《田野考古的那些事》现场内容

第八讲

于 颖
上海博物馆研究馆员

“寸缂寸金”织中之圣
——从上博馆藏《莲塘乳鸭图》看宋韵缂丝艺术

缂，一种通经回纬（也称“通经断纬”）的纺织工艺，沿着古老的丝绸之路传入中原，遂有缂丝。这一品种指以生丝作经线，各色熟丝作纬线，用通经回纬方法织造，可以两面看。宋人有纪唐末至北宋时，回鹘人善织缂丝为袍，一年方成一件。因织作耗时费工，堪称“寸缂寸金”，非寻常之物。唐起宋承，缂丝诞生至风华绝代，步步走入艺术殿堂之后，融入宋代雅韵，形成花鸟为主，山水亦有的缂丝书画艺术。

上海博物馆藏朱克柔缂丝《莲塘乳鸭图》（图 1）作为南宋缂丝书画流传至今，古韵画意融于丝光流转千年，宛若瑞色凝光，尤胜水墨，观览左右而能显灵动变化，花卉虫鸟无不栩栩如生。此件国之瑰宝可谓举世无双，

1-2 南宋 朱克柔 缂丝莲塘乳鸭图题款 上海博物馆藏

实为朱克柔传世七件作品中，唯一一件尺幅宽阔的巨幅作品。推举宋代缂丝书画中最精彩的花鸟题材作品，朱克柔缂丝《莲塘乳鸭图》摘冠实属实至名归。

《莲塘乳鸭图》缂丝画尺幅极大，艺术风格受院体画影响，以春夏时节生趣盎然的莲塘实景绘成缂丝底稿。图中绿头鸭双双浮游于萍草间，尾有乳鸭相随，旁有白鹭一对。翠鸟、红蜻蜓和水龟点缀其间。太湖青石，质感凝重。周围荷花、芙蓉、百合、慈姑、白莲、萱草、玉簪和芦苇等花草环绕，色彩雅丽，线条精谨。全幅以彩线缂织而成，色彩丰富，层次分明，花卉虫鸟惟妙惟肖。缂丝技法主要有“合花线”配合长短戗缂、掺合戗缂和平缂等。纬线密度极高，一般在80—120根 / 厘米，局部可达140根 / 厘米。整幅画面所缂丝缕细密适宜，技法高超，因其于宋代缂丝画技法中独树一帜，被后世赞为“朱缂”。

画面中青色湖石上缂织“江东朱刚制莲塘乳鸭图”款，“克柔”朱文印记。朱刚，字克柔，云间人（云间，古华亭县的别称之一，今属上海松江区）。其生卒年不详。根据《莲塘乳鸭图》和《山茶蛱蝶图》两件作品中的款文和对题，可以梳理出她是活跃在南宋高宗（1127—1162）时期的女子。江东当时泛指长江芜湖至南京以南的地区，主要指江苏南部和上海地区。后者册页有明人文从简（1574—1648）的对题，写有“朱克柔，云间人，宋思陵时，以女工行世”。“云间”即今大约在上海松江及周边地区。“思陵”为后人对南宋高宗的代称。文从简是文徵明的曾孙，出身苏州文人世家，善于书画，富有收藏，对江南地区历代艺文了如指掌，故而他关于朱克柔的记述是可信的。

此幅作品经近人庞元济（1864—1949）收藏，钤“吴兴庞氏珍藏”“虚斋秘玩”“莱臣审藏真迹”朱文印记。庞元济《虚斋名画录》、朱启钤《丝绣笔记》著录。

一、缂丝唐起宋承的发展途径

汉至唐代，随着丝绸之路沿线的交流，缂织工艺逐渐传入中原地区。同时，缂织的原材料逐步拓宽，有毛、丝和棉，还有金属线。唐至宋初，中国西北地区缂织艺人成为重要的缂丝织作者进入中原地区。缂丝作为一种名贵的纺织品，进入到快速发展的时段。

西夏和辽代，缂丝也有用作宗教唐卡或服装以及靴帽配件面料。丝路上的交流和借鉴仍然在持续发展，不仅受到宗教影响，也有吉祥图腾图案影响，缂丝技艺被更多地域的人们所接受和欢迎。

南宋周密（1232—1298）曾亲眼目睹南宋皇室部分书画类收藏情况，并对此梳理和记录，他对宋徽宗、高宗的鉴定眼光和分等级来装裱的喜好了然于胸。从他的记录中可见缂丝包首[1]用于南宋内府高等级书画的装帧：必须先评定书画等级，再配以不同缂丝、织锦、花绫等丝织品装裱。如“出等真迹法书”，包括两汉、三国、六朝、隋、唐君臣墨迹，及皇帝题签并书写“妙”字的法书，以缂丝为包首（图 2）；六朝名画横卷用缂丝山水楼台图为包首；不出等的如“钩摹六朝真迹”单列类，青色楼台锦作包首；

1 “包首”是为保护书画手卷而做的一段外装裱，旧称“锦褾”，一般以坚韧耐磨、织纹多彩的丝织品为主，常见为绫锦等品种。

2

北宋 缂丝紫鸾鹊谱图包首
上海博物馆藏

还有“唐代各等法书”以红霞云鸾锦为包首。值得关注的是，即便是“六朝名画挂轴”这样的珍稀品，也未见缂丝，而是皂鸾绫为二色天地、碧鸾绫作一色天地。可见，至南宋宫廷御用时，缂丝是稀罕绝妙的先贤书画的上选用料，也是缂丝技术向书画艺术靠近的契机之一。

北宋缂丝幅宽大幅增加，图案除花卉之外还多见禽鸟，并且工艺参数略有别于唐代缂丝，主要为经线捻向和纬纱密度区间的不同。北宋缂丝工艺归纳起来为：双根纱Z向合股，加强捻作经线，密度中位数在20根/厘米；单根纱，弱捻为纬线，缂丝时根据图案需要变换纬线密度和粗细，纬线色彩组合相似，有米白、米灰、姜黄、靛蓝、湖蓝、天青、橙黄、橙红、豆绿、草绿、湖绿、茄紫等色，密度在60~120根/厘米。北宋缂丝技法虽仍以图案条块分区为主导，色彩过渡依靠拨动小型有齿的拨子来调整纬线的密度和走势，倾向于顺应花鸟的轮廓弧度去缂出图案，而并不是按照纬线平直的一般织造准则来缂织（图3）。这里根本原因是已经受到书画艺术的熏

3

北宋 缂丝紫鸾鹊谱图包首局部
上海博物馆藏

陶和影响，缂丝技法开始逐渐发生量变到质变的过程，花鸟图案设计已有偏向花鸟生动的自然形态和色彩搭配的趋势。缂丝的评分优劣要求缂丝技术遵循艺术美感。

缂丝者必须考虑纬纱选取的细度差别是否适宜，调拨打纬力度控制是否得法，从而使得局部来回穿梭而成的纬纱线条是否流畅而优美，组合成图案的晕色自然和生动程度来分高下。北宋缂丝虽然看上去是继承唐代传袭的“勾”“掼”和“结”这三种缂丝技法来缂出花鸟图案，但相较而言配以更为丰富的色纱的同时，还注重区别不同图案局部采用不同纬线密度和细度，并且跨度区别较大来实现缂丝而成的花鸟图案更显灵活变化、生趣盎然。这显而易见是宋“克丝作”对于缂丝技艺有更高的艺术审美要求才能促成的。

南北宋过渡时期缂丝技艺发展出现重要的变化，书画装裱的包首类缂丝由精细优美的工匠技艺开始向纯艺术欣赏创作方向过渡。元人陶宗仪提到“高宗渡江后，……锦褾克丝作楼阁、克丝作龙水、克丝作百花攒龙，克丝作龙凤”。他所叙述宋“克丝作”织作的缂丝纹样有楼阁、百花和龙凤，和如今传世下来的缂丝包首纹样相吻合。缂丝不但尺幅增大明显，题材也趋丰富，并且在皇室推崇之下，文思院“克丝作”对于缂丝艺术高度的要求又有突破性的发展，包首等高规格的吉瑞图案缂丝品向院体绘画艺术过渡，至南宋时缂丝书画艺术发展日趋成熟。

随着当时国家都城的迁移和蚕丝地域分布的影响，缂丝在江南发展优势更为突出。高规格书画缂丝织作地也随之向东南迁移，随之南迁的缂丝艺术亦荣列江南绝技，出现各有特色的缂丝技艺流派，也滋养出诸如朱克柔、沈子蕃等名家。缂丝书画艺术于徽宗和高宗年间发展到艺术技艺的顶峰，创造出艺术领域的新样式，成为具有独立欣赏价值的艺术作品。

朱克柔的缂丝艺术成就

朱克柔个人在缂丝艺术上的成就极高，至今在花鸟题材缂丝书画上无人出其右。以她的作品《莲塘乳鸭图》缂丝书画为代表，其中应用的缂织理念与技法已经完全突破缂丝工匠织造的范畴，不单以精细准确为标准，更注重追求书画神韵。她的神技被后世赞为“朱缂”。

朱克柔处于书画缂丝艺术最好的时代——宋代。宋徽宗赵佶（1082—1135）影响了整个宋代缂丝书画发展。正是在赵佶这一重要人物的影响之下，缂丝工艺才能从一种纺织手工技艺迅速发展，进入卓越的艺术殿堂。徽宗宫廷对绘画于缂丝的重视，促成“院体画”和“缂丝”两艺的珠联璧合。徽宗时期的缂丝画艺术常为后世传颂，正如故宫博物院所藏北宋缂丝《赵佶花鸟图》上方墨书诗所云：“雀踏花枝出素纨，曾闻人说刻丝难。要知应是宣和物，莫作寻常黹绣看。”整幅缂丝作品技法相当娴熟精湛，经线较粗而纬线极细密，画面色彩和谐饱满，丝光闪闪。花鸟主要以勾缂轮廓线条，花瓣、树叶和羽片等色彩变化之处，则以掼缂、掺和戗缂为主，在必要细微之处的色彩过渡则以少量长短戗缂来衔接。缂丝纬线的力度和方向应需而变，顺势而为，另一北宋缂丝《赵佶木槿花卉图》的技法也如出一辙。两开缂丝赵佶的花鸟方页足以能代表北宋宫廷所追崇的缂丝书画水平。这也是后继南宋名家名作辈出的重要基础。只有在这种缂丝书画日益备受推崇的时代和环境下，才能孕育出朱克柔这样生平不详却能留下惊世骇俗缂丝书画作品的一代大师。

缂丝之难，究竟难在哪里呢？缂丝画与绘画创作过程相比较而言，其一，绘画能全局把控敷色，更可以层层铺染，而缂丝画作只能依着织造顺序由下而上，经纬相错，经年累月而成。造型和色彩的实现过程是一丝一纬顺序累加，细致入微地一次织就，不能反复，所以完成作品难度显然更高于画作。其二，绘画调色取于色墨调色和水墨自洽自如的能力，一旦落笔渗透纸张，色泽就稳定下来了。而丝色却还有与之更胜一筹的奇特调色原理——丝的折光和衍射形成动态变化的关系。丝线是半透明质，横截面呈类三角形，大约有点类似微小的三棱镜对于光线的反射和折射效果。由于每根丝线都能泛着柔和的光泽，故而随观察角度变化，人们能在感受缂丝画面因光线变化，产生色彩闪烁变化的那种质感，用以表现禽鸟尤觉真实。当艺人掌握这种缂丝艺术技巧后，就能根据控制丝线的方向微调，并利用丝线的光学特性，配出可以随之无穷变换的色彩，做到缂成的花鸟活灵活现，从而超越了绘画艺术。

二、缂丝在宋形成自身特色

宋徽宗观测到缂丝技艺发展到一定水平，具备了可超越笔墨的创作空间。缂丝书画难得，在于能驾驭如此高超技艺的人甚为罕见，即便是艺术辉煌时代的大宋王朝，也仅朱克柔和沈子蕃两位留下姓名，其作品也是吉光片羽。正是在这样的时代背景下，才能有像朱克柔这类具备缂丝书画艺术天赋的人发挥才华。她将绘画领域里工笔花鸟讲究严谨比例构图，及没骨画法中在意水墨姿态、显形露真的写生画意融会贯通到缂丝中，其中技法最为纯熟作品即代表作为《莲塘乳鸭图》。

以朱克柔《莲塘乳鸭图》来看其如何突破北宋缂丝书画艺术，形成自身特色？

1. 超高的合花线纬线密度

朱克柔缂丝作品的经线密度在26~28根／厘米，纬线密度在80~140根／厘米，织成后生丝双股加捻的原白色经线被高密度纬线覆盖后不显露。超细超韧和优美色泽的丝线极为难得，缂丝所用的蚕丝必然是既极为纤细又韧性俱佳的优等品，还有一系列的治丝、染整工艺都是顶级配置。缂丝在高达 80~140 根 / 厘米的纬线密度之下不显露经线，保证画面色彩过渡细腻真实，晕色自然得体（图 4）。

2. 细密不一的“合花线”

缂丝画面上花、草、树、石、鸟、虫等主题不同，织入的纬线也变化采取不同配色、捻度、细度和密度的“合花线”。它是两根不同颜色的色纱分别加弱捻之后，再通过加捻合为一根丝线。在《莲塘乳鸭图》中湖石色彩细腻变化之处所用蓝白合花线就分为多个层次，不同组合：浅蓝和白、蓝和白、深蓝和白、浅蓝和深蓝等。四组不同合花线再以长短戗缂相互融合，缂出晕色渐变自然和顺的效果，局部纬线密度高达 120~140 根 / 厘米。而湖石的浅色部分，如白色、浅蓝部分缂织所用的纬线略粗，局部纬线密

4
南宋 朱克柔 缂丝莲塘乳鸭图湖石局部
上海博物馆藏

度稍低，在 100~120 根 / 厘米。这是由于纬线细密而颜色深会在艺术效果上产生退后的效果，纬线粗实而颜色浅则产生向前凸出的效果。如此一来，玲珑湖石就显得凹凸有致、玲珑剔透，立体感扑面而来。朱克柔不讲究纬线密度统一，而根据所要表现花鸟真实的色彩、肌理和神韵进行调整，用的纱线或粗匀饱满、或纤毫难辨（图 5）。因此，朱克柔在缂织《莲塘乳鸭图》的过程中应为亲自调配色纱，并未借他人之手。

3. 缂画精准的纬线

缂丝时纬线缠绕在垂直的经线上，在勾勒自然曲线时，必然会受到限制。勾缂、平缂这两种北宋缂丝书画惯用的缂丝技法，在弧线上使用时受到局限比较大，较难缂出优美的曲线和敷色自然的笔触效果。朱克柔传承书画缂丝技法时基本上舍弃了“勾缂”，区别于一般工笔花鸟缂丝。她为

5

南宋 朱克柔 缂丝莲塘乳鸭图湖石孔洞局部
上海博物馆藏

力求物象气韵自然鲜活以变化平缂代之缂出线条，并且逐渐减少北宋常见的掼缂、掺和戗缂等色彩过渡的技法，而以长短戗缂为之。那么她怎么确定轮廓线呢？在仔细放大观察此缂丝画时，可见几处细微沾墨的经线有呈现因被一二丝纬纱覆盖而显得不连贯的现象，实为因文物经年老化所露出笔绘于经线上残留的墨痕。可见她在缂丝前，曾以笔墨勾勒轮廓白描于经线之上作为稿本，而非缂织完成之后的补笔勾线，区别于辽宁省博物馆藏朱克柔缂丝册页中的补笔用法。她尽可能舍去画面中因“通经回纬”这种工艺留下的小孔眼或是裂开的细缝，即“雕镂”[1]之感（图6）。

6

南宋 朱克柔 缂丝莲塘乳鸭图荷花局部

上海博物馆藏

1 不同颜色纬线回纬之后产生的裂隙，如果仅一排回梭，在低密度情况下会形成可见“回梭眼”。

4. 缂丝技法应需而变

朱克柔缂丝善于控制丝线张力变化。她深谙上机织造时图案会因经纬线张力不同，在织成下机后经纬线会有不同比例回缩的情况，故而仅白描勾勒。也能看出她对织前放样画稿经验丰富，最后缂好的花卉禽鸟比例准确，不会因径向张力消失而尺幅缩短过度。《莲塘乳鸭图》如此巨幅缂丝，其上的花鸟仍然比例精准无误，实属朱克柔能力非凡。她还通过密集的长短戗缂的不断换梭和不断变化打纬线力度和方向来缂出曲线弧度，线条和笔法皆优美流畅。她娴熟应用变化调色的合花线和自由发挥的长短戗缂，相辅相成地缂出画面。朱克柔缂丝画面随观者转变角度会显现出生动气韵，由于丝光波动变化，画面水波荡漾、湖石层积岩石横向纹理清晰可见，水润有光、禽鸟与花卉无一不鲜活如生，呼之欲出。再以画面中的绿头公鸭作为一个实例，来鉴赏她运用看似极为简单的技法组合，但却能缂出更为丰富变化的真实细节，细品之下令人倾心不已。绿头鸭的羽毛可以大致分成 12 类，每种羽毛所用技法都可以归类于用合花线来长短戗缂，但每一种用法都是随机应变，刻画天成。这也是朱克柔缂丝技艺很难追摹之处（图 7）。

缂丝书画艺术发展到宋代呈现高潮之后，随着朝代更迭，传承至元、明、清时期，缂丝在题材上更为丰富，技法灵活多样。明清时期缂丝书画艺术或多或少仍受到宋代的影响，比如缂丝稿本会以绘画作品为基础，题材上也分为山水、人物和花鸟，但尤以长寿富贵等吉庆题材为多见，也有不少宗教题材。然而后世纯书画艺术欣赏的佳作难觅，以至于名声斐然的宋缂丝技艺中极为精湛的部分已经默默失传了。

幸之又幸的是历代宫廷、贵族和文人等有识之士将宋代缂丝佳作收藏，爱若珍宝。如《莲塘乳鸭图》为近人庞元济旧藏。庞元济（1864—1949），浙江南浔人，字莱臣，号虚斋。庞家是南浔巨富之一，祖上因经

7
南宋 朱克柔 缂丝莲塘乳鸭图绿头鸭羽毛局部
上海博物馆藏

8
1952年庞维谨、庞增和、庞增祥联名捐赠函

营蚕丝业而发家致富。1909 年出版的《庞元济虚斋名画录》卷七中著录：“宋朱克柔莲塘乳鸭图轴，刻丝本五彩，红蕖、白鹭、绿萍、翠鸟，子母鸭各二，泳游水中，间以蜻蜓草虫等类。高三尺三寸五分，阔三尺四寸，小款两行刻于青石上，‘江东朱刚制莲塘乳鸭图’隶书，‘克柔’朱文。”图上钤“吴兴庞氏珍藏”“虚斋秘玩”“莱臣审藏真迹”朱文印记。庞维谨，字秉礼，庞元济继子。1952 年他以庞维谨、庞增和、庞增祥联名捐赠朱克柔《莲塘乳鸭图》等六件宋、明、清代缂丝画作。其在捐赠函（图 8）中言：“况此种我国独有之手工艺术，最足表显我民族艺术之传统，及我民族之智慧聪明。维谨等自先人收藏以来，几经灾劫，坚贞保持，得无毁失。值今全国解放，此种天壤瑰宝，不敢再自珍秘，亟宜献捐国家，公诸人民。为特将此帧，暨较近代之明清两朝缂丝五帧（另附清单）一并呈请钧会准

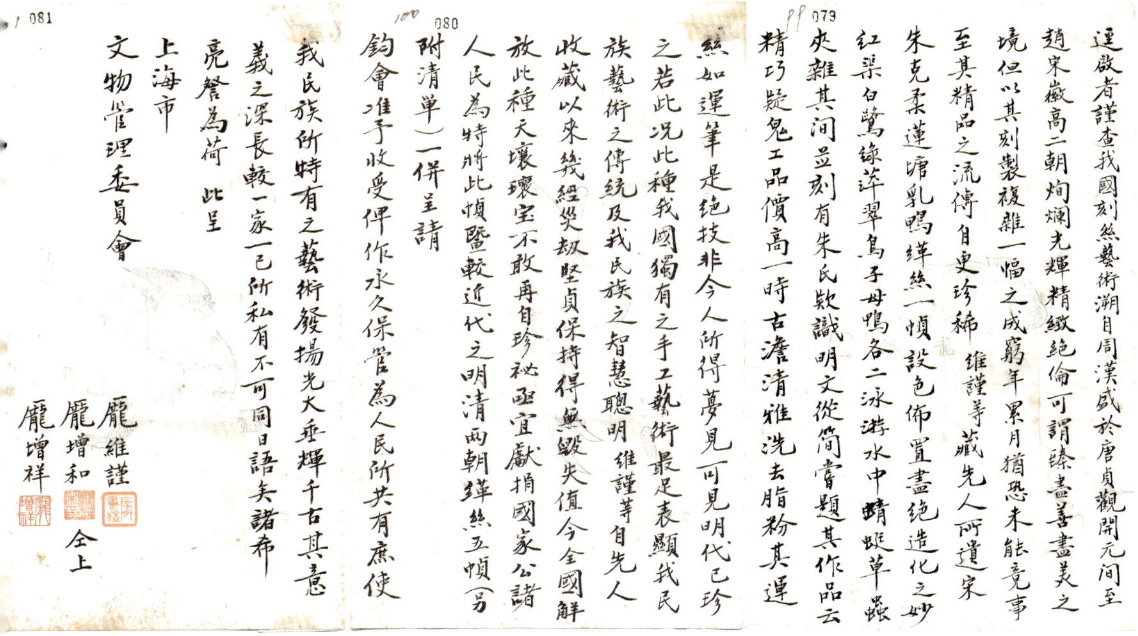

逕啟者謹查我國刻絲藝術溯自周漢盛於唐貞觀開元間至
趙宋徽高二朝絢爛光輝精緻絶倫可謂臻盡善盡美之
境但以其刻製複雜一幅之成窮年累月猶恐未能竟事
至其精品之流傳自更珍稀 維謹等藏先人所遺宋
朱克柔蓮塘乳鴨緙絲一幀設色佈置盡绝造化之妙
紅蕖白鷺綠萍翠鳥子母鴨各二泳游水中蜻蜓草蟲
夾雜其間並刻有朱氏款識明文從簡嘗題其作品云
精巧疑鬼工品價高一時古澹清雅洗去脂粉其運
絲如運筆是绝技非今人所得夢見可見明代已珍
之若此況此種我國獨有之手工藝術最足表顯我民
族藝術之傳統及我民族之智慧聰明 維謹等自先人
收藏以來幾經燹劫堅貞保持得無毀失值今全國解
放此種天壤瑰宝不敢再自珍秘亟宜獻捐國家公諸
人民為特將此幀暨較近代之明清兩朝緙絲五幀(另
附清單)一併呈請
鈞會准予收受俾作永久保管為人民所共有庶使
我民族所特有之藝術發揚光大垂輝千古其意
義之深長較一家一己所私有不可同日語矣諸希
亮詧為荷 此呈
上海市
文物管理委員會
龐維謹
龐增和 仝上
龐增祥

予收受……”其中展现的热忱爱国、无私奉献之情，感人至深。在这批捐赠文物中，最吸引人的便是《莲塘乳鸭图》。正是因为庞氏家族对于缂丝书画的珍惜和无私，才能让这些重要的缂丝文物得以再次获得“活化”的机会。

三、缂丝现代传承与发展及思考

2012 年以来，本人为了解古代缂丝技艺，经常去苏州拜访缂丝艺人。开始只是为了学习缂丝的织作技法，逐渐对当今缂丝的方方面面产生了兴趣。随后一家一家地走访缂丝工坊，包括藏在美丽的环秀山庄里面的苏州刺绣研究所的缂丝坊。十多年来，在几代缂丝人的热情指点下，不仅解开了古代缂丝的诸多疑问，还对当代缂丝行业有了一些了解，目前的缂丝传承人主要集中在苏州、南通等地从事缂丝的织作。

从南宋开始算起来，苏州的缂丝已经有千年的历史了，在这漫长的时间里，缂丝书画技艺经历了许多次大的起伏。南宋的辉煌过后是元至明初的萧条，明代中期开始到清代中期是一个长时期的兴盛时期，但此后又逐渐衰退，到民国时期几近消亡，艺人所剩无几。目前能够查询到的民国时期的缂丝艺人有沈金水、王茂仙、李永福和汤长云等人。

20 世纪 50 年代以来，苏州刺绣研究所不断地探索和发现艺术品缂丝的制作技法，研究所的老艺人退休以后被邀请到民间缂丝工作室做指导。因此刺绣研究所的制作技法流传到整个缂丝行业，其中长短戗技法难度高，画面表现效果好，是当今缂丝艺人不断钻研的技法。随着我国经济迅速发展、国内艺术市场逐渐扩大，各类艺术创作变得更为活跃，其中能代表中国传统织绣书画艺术之一的缂丝书画也日益丰富，显露出独特的美学和工艺价值。2000 年以后，苏州民间缂丝成为缂丝业界的中坚力量，缂丝艺人汇聚此地，与时俱进地钻研工艺、传承创新缂丝品种，缂丝从业者的新生力量蓬勃发展。2006 年，苏州缂丝织造技术被列入第一批国家级非物质文化遗产名录。2009 年，缂丝又作为中国蚕桑丝织技艺，入选联合国教科文组织公布的人类非物质文化遗产代表作名录。缂丝技艺传承和发展得到了国家和世界的关注，特别是国家的直接大力扶持尤为重要。近年来在博物馆、美术馆举办的缂丝作品展览逐渐增多，也有以专题展览的形式展示非遗单位的缂丝作品（图 9），还增加现场演示（图 10）、专题讲座等形式普及缂丝工艺。这些以历史时期精彩绝伦的缂丝文物或者当代优秀作品为主角的展览，真实地展示缂丝时代之美，引人注目，获得了社会的广泛关注和对缂丝技艺唤醒新生的热议。无论是博物馆的社会效益，还是缂丝作为非遗技艺的传承价值，都获得极高的美誉和认可。

9

2022年上海博物馆瑞色凝光：朱克柔缂丝莲塘乳鸭图展

10

2022年上海博物馆展中朱缂法还原演示说明

扫码观看《“寸缂寸金”织中之圣——从上博馆藏《莲塘乳鸭图》看宋韵缂丝艺术》现场内容

第八讲

柳向春
上海博物馆研究馆员

南宋龙舒郡本《王文公文集》探研

王安石的诗文合集早在北宋末年的徽宗政和年间，就由政府下诏结集。最初应是由其门人编订，而由薛昂奉诏编校的，但此本存在大量误收及漏收的现象，是否曾经刊刻，现在也不能确定，总之，此本早已不传了。之后应该陆续有别的本子问世，如宋高宗绍兴十年，临川郡守詹大和就是在以往闽、浙二本的基础上校订重刊了《临川集》，并由黄次山作序，这就是传世的临川本。至绍兴二十一年，王安石曾孙王珏在担任两浙西路茶盐司时，又根据薛昂编校的遗稿及王安石亲笔刻石等内容，再参校各本，又重新刊刻行世，此即传世最常见之本[1]。其版式为左右双边，半叶 12 行，

1 此本向称杭州本，然据苏州图书馆孙中旺兄研究，实际刻于苏州，详参其所撰《〈临川先生文集〉“杭州本”说献疑——兼论宋代苏州刻书业的发展》，见于《古文献研究》第十辑，凤凰出版社，2023 年 12 月。

1

清殿藏本 王安石像
国家博物馆藏

行20字，偶有21字。詹大和刻本到明朝时曾被覆刻，王珏刻本在元明也均有递修和补刊，像元人危素就曾收集诸本，增补校订，集成若干卷，吴澄为之序。不过，这个元本也已经散佚不存了。而此集的名称也逐渐由最初的《临川集》演变成了《临川先生文集》。现在流传较多的本子有明嘉靖十三年刘氏安正堂本、嘉靖二十五年应云鸑据安正堂本重刻本、嘉靖三十九年何迁据应本重刻本、万历四十年王安石二十二世裔孙凤翔据何本整理之《王临川集》等。但这些本子，包括《四库全书》本，实际上都是渊源于王珏本。

一、海内外现存两部龙舒郡本《王文公文集》综述

王安石的诗文集，除了上述之外，还有一种“龙舒本”，即龙舒郡本。龙舒郡即今安徽舒城，前述王珏本跋文中有“比年龙舒版行，尚循旧本”

之语[1]，说明龙舒本刻于王珏本之前。龙舒郡的所在，赵万里先生以为[2]：“即今安徽舒城，宋时属淮南西路庐州，南境与舒州接壤。”不过，顾廷龙先生在《宋人佚简》序言中，则依照钱大昕判断利用湖州公文纸所印《北山录》为吴兴官刻本之例，认为就是舒州。李伟国先生则根据这部书背上的简札内容，也得出相同的结论[3]：“……舒州太湖县知县管鉨致向信：‘龙舒五邑，唯敝邑极难料理’。当时舒州辖下，有怀庆、桐城、太湖、宿松、望江五县。从中得知，南宋初人以舒州为古龙舒地，并无疑义。《王文公文集》称龙舒本，刻于舒州，亦确切无疑。”国内现存之龙舒本原藏于清内阁大库，光绪末年转入宝应刘启瑞氏食旧德斋，残存 76 卷。此本外，又有日本宫内厅书陵部藏残存卷一至七十。这一版本宋以后未见翻版，传本几绝。现存世两本除去重卷，恰可得一完书。1962 年中华书局以食旧德斋原藏本影印卷为基础，缺卷以北京图书馆藏日本东京宫内省图书寮藏本照片补足，出版刊行了《王文公文集》。据此影印本卷前赵万里所撰《宋龙舒郡本王文公集题记》[4]：“龙舒本《王文公文集》，宋以后未见翻版，传本几绝。一九五九年中华书局上海编辑所根据徐森玉先生倡议，先将傅沅叔先生生前从国内藏本拍摄的玻璃片制版影印，尚缺二十四卷，恰巧北京图书馆从日本东洋文库得到前七十卷影片，中华书局上海编辑所因向北京图书馆转借补印，延津剑合，全书告成（现在仅总目卷上缺第一至四叶，卷九十三缺第八叶、第九叶，卷九十四缺首叶）。”可知这一影印本的问世，是出于文博界耆宿徐森玉先生的推毂建议的。

1《宋本临川先生文集》卷末，《国学基本典籍丛刊》本，2018 年，p. 247。
2《王文公文集》影印本卷前，中华书局上海编辑所，1962 年，p. 1B-2A。
3《绍兴末隆兴初舒州酒务公文研究（之一）》，见于《国际宋史研讨会论文选集》，邓广铭、漆侠主编，河北大学出版社，1992 年，p. 120。
4《王文公文集》影印本卷前，p. 5A。

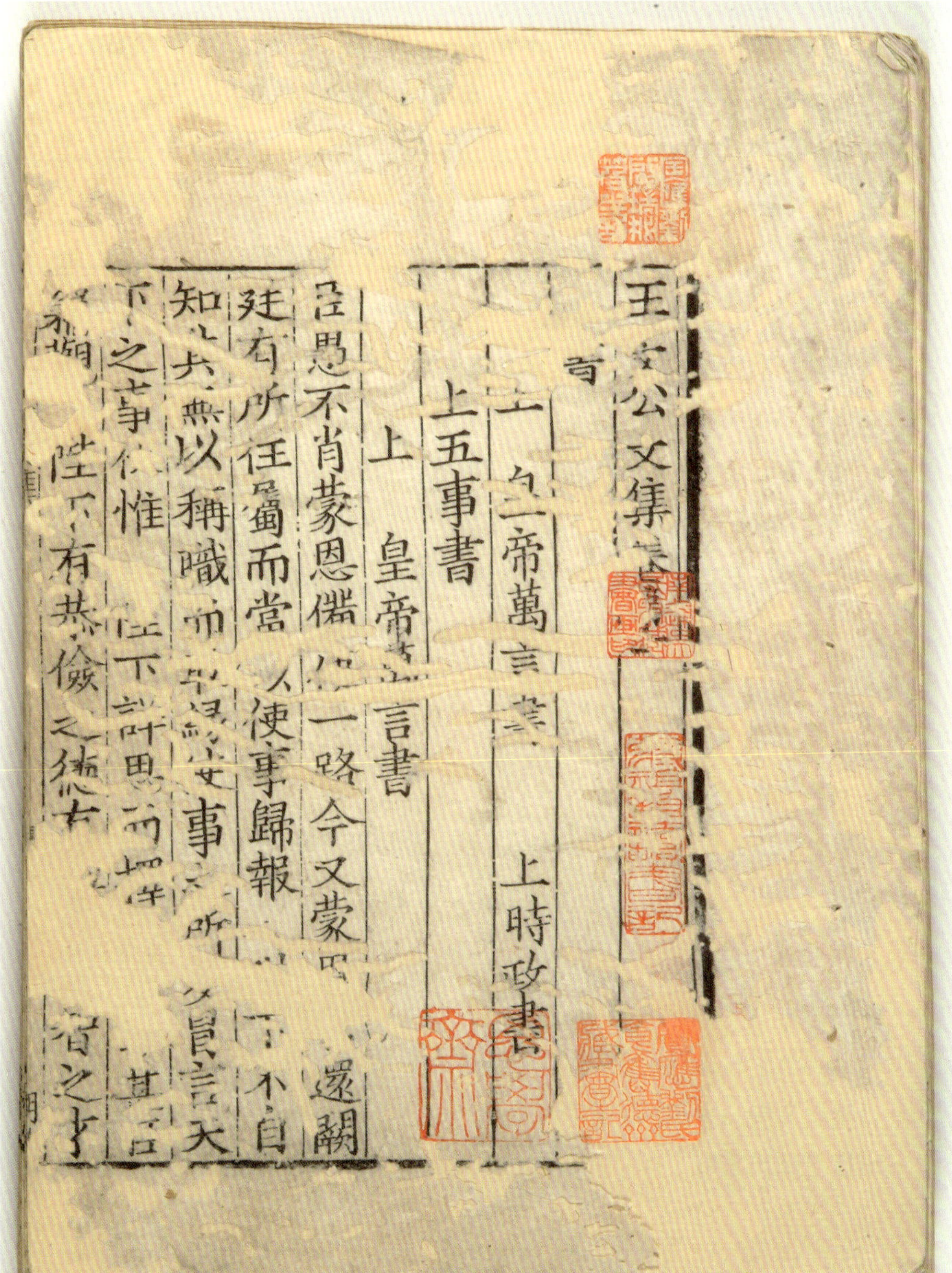

2
南宋 龙舒郡本 王文公文集
上海博物馆藏

龙舒郡本的珍贵，日本岛田翰曾经有所论及，据缪荃孙《艺风藏书再续记》卷七中转引，他说[1]："日本图书寮有残宋本《王文公文集》，今存七十卷，佚其诗集数卷而已。而今本所佚之文，多至四十七篇。陆存斋《群书校补》据《宋文鉴》《宋文选》《播芳大全》《能改斋漫录》，以补明覆詹本之缺，尚不过十余篇，与此本多寡不侔矣。昔政和中开局编书，诸臣之文，独《临川集》得预其列，而门下侍郎薛昂肇明实主其事。此书依其同异考之，盖肇明所编次也。卷一至卷八书，卷九宣诏，卷十至卷十四制诰，卷十五至卷二十一表，卷二十二至卷二十四启，卷二十五传，卷二十六至卷三十三杂着篇，卷三十四、三十五记，卷三十六序，卷三十七至卷五十一古诗，卷五十二至卷七十律诗。半版十行，行十七字。'桓'、'殷'缺末笔，于'构'字下注云'御名'，则此书高宗时依薛本所入梓也，并王珏所未见矣。日本岛田翰跋。"这段跋文写得很详尽，但他推断此本是"依薛本所入梓"，恐怕只是悬拟之辞，不一定确当。日本藏的这部，《图书寮汉籍善本书目》卷四集部别集类"王文公文集一百卷十四册"条著录得很详细[2]："宋刊本。前后无序跋，不题编者名氏。现存七十卷：一至八，书；卷九，宣诏；卷十至十四，制诏；卷十五至廿一，表；卷廿二至廿四，启；卷廿五，传；卷廿六至卅三，杂着；卷卅四、卅五，记；卷卅六，序；卷卅七至五十一，古诗；五十二至七十，律诗。其诗文间有今本佚载者。左右双边，每半叶十行，行十七字。界高六寸七分，幅五寸。版心上鱼尾下记'文集几'，下鱼尾下记丁数、刻工名氏。卷中遇'构'字，下注'御名'。则刊于南宋南渡之初。雕刻至佳，每册首有'赐芦文库'印同，首尾捺'金泽文库'、'心华藏书'印，又卷廿九、卅三尾捺'颜氏家藏'印。"又严绍璗《日藏汉籍善本书录》一书中曾详

1 "王文公文集佚文一卷"条，燕京大学图书馆校印，民国二十九年，p. 3B-4A。
2 宫内省图书寮，昭和五年，p. 19B-20A。

细介绍过此书在日本的递藏过程，今移录如下[1]："此本系日本中世时代金泽文库外流出汉籍之一种，首尾有'金泽文库'楷书长方墨印，后归丰后佐伯毛利高标所有。仁孝天皇文政年间（1818—1829）由出云守毛利高翰献赠幕府，明治初年归内阁文库。明治二十四年（1891）由内阁文库移入宫内省图书寮（即今宫内厅书陵部）。卷中有'佐伯侯毛利高标字培孙藏书画之印'朱文方印。每册首有新见正路藏书印'赐芦文库'长方朱印，卷二十九与卷三十三尾，有'颜氏家藏印'朱文方印。"这段记载，对于我们了解日本藏残本的源流很有帮助。

国内所藏这部，当以傅增湘先生的几次题跋所述最为明晰，其《藏园群书经眼录》卷十三"王文公集一百卷"条（存七十六卷又目录二卷）著录云[2]："宋刊本。十行十七字，白口，左右双栏。版心上记字数，下记刊工姓名……宋讳'完'、'慎'不缺笔。此书字体朴厚浑劲，纸细洁坚韧，厚如梵夹。每叶钤'向氏珍藏'朱文长印（楷书），纸背为宋人简启，多江淮间官吏……"同卷中"王文公集一百卷"条（存卷一至七十）又比较了中日所藏两本的优劣[3]："余故人颖川君居江淮之交，家藏《王文公文集》，其版式、行款正与此（按：指日藏本而言）同。然余以为视此可贵者有三：原书楮墨精湛，且纸背皆宋人交承启札，笔墨雅丽，真可反复把玩，此可贵者一也。寮本无序目，于是谈者妄生揣测，以为即真赏斋之一百六十卷本而佚其半者。此本目录完全，仍为一百卷，不过次第与绍兴本异耳。而积疑赖此尽释，此可贵者二也。寮本缺七十以下各卷，此本缺四至六、三十七至四十七、六十一至六十九，共缺二十四卷（按：据此则缺二十三卷），而七十卷以下完然具存，正可补寮本之缺。且必有佚文出罗钞之外者，此可贵者三也。"其中所述的三可贵者，尤以第一条值得详细一说。

---

1 "王文公文集（残本）存七十卷"条，中华书局，2007 年，p. 1517。
2 中华书局，1983 年，p. 1155。
3 见于《藏园群书经眼录》，p. 1155-1156。

二、书背宋人书札综述

宋版《王文公集》已成稀世之珍，而沉埋在书叶内的宋人墨迹更属宝中之宝。据统计，此书现存共计900余叶，其中旧纸印者780余，包括宋人书简310余通，另绍兴三十二年、隆兴元年间公牍50余件。而宋人书札除此之外，全国现存，包括台湾在内，总计不及百通，则这批墨迹之宝重可以想见。前中华书局上海编辑所影印本卷末，仅仅附录12幅函件的图片，虽可作一脔之尝，但实在不能餍研究者之意。所幸现存所有函牍部分，已于1990年经上海古籍出版社影印出版，名之曰《宋人佚简》，沾溉学林，为功不浅。而这780余叶中，每叶均钤有“向氏珍藏”朱文长方印记，可知其为向氏旧藏。不过，这个印记的存在，虽然能够说明其来源，但也为我们的研究增加了一些困惑，如已故文献学家顾廷龙先生在1989年7月16日给当时的上海文化局局长方行信中就说道[1]：“近读向沟资料及影印书札样张，觉得有一问题，既是向沟之亲笔信（但从笔迹看是亲笔），向氏子孙尊重先人遗墨，不应取以印书。再看他信是写给实缺知府的，从这一点看，可能向氏后人买得处理的档案。还有印书人是否向氏？推想印书人不是向沟。”顾先生的观点当然有一定的合理性，但他其实是没有考虑过宋代的档案管理制度。据汪桂海《宋代公文纸印本断代研究举例》一文云[2]，他曾统计出现存公文纸印书79种，而估计存世百种左右。又云宋代公文约保存十年便行处理，其法有二，一则归官用，再以余者售予民间。根据汪氏的研究和书背所钤之印，则此《王文公文集》的用纸，必是当日公牍废弃处理后为向氏所购置者。而顾廷龙先生在上述疑惑的基础上，认为此书为龙舒官刻之本，恐怕也不一定正确。至少，不能以其采用旧公文

1 见于《顾廷龙全集·书信卷》，顾诵芬、吴建中主编，上海辞书出版社，2017年，p. 335。
2 见于《文献》，2009年第3期，p. 52-59。

王文公文集卷第二十

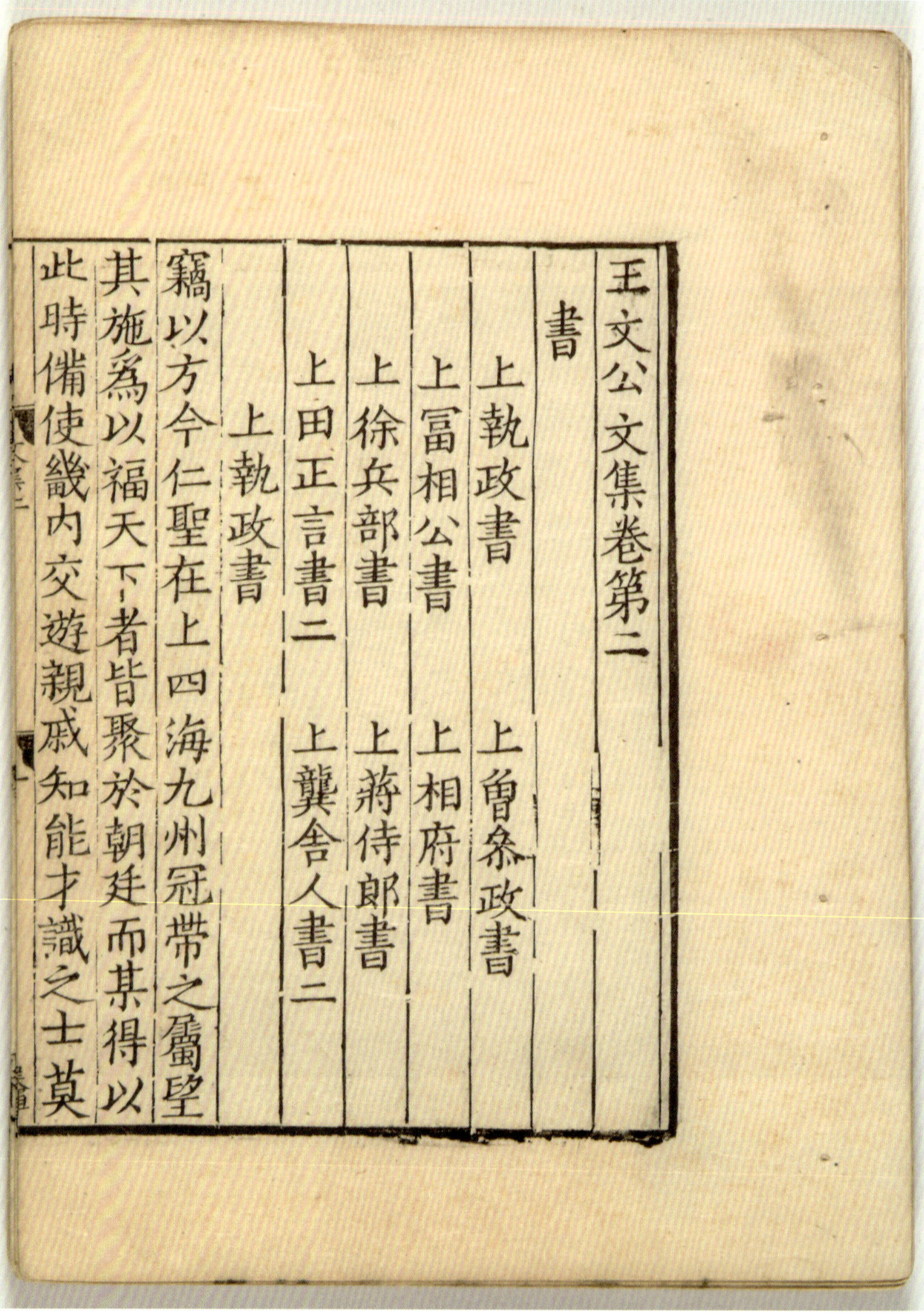
王文公文集卷第二

書

上執政書　上曾叅政書

上冨相公書　上相府書

上徐兵部書　上蔣侍郎書

上田正言書二　上龔舍人書二

上執政書

竊以方今仁聖在上四海九州冠帶之屬望其施爲以福天下者皆聚於朝廷而某得以此時備使畿内交遊親戚知能才識之士莫

4

南宋 龙舒郡本 王文公文集 卷第二

上海博物馆藏

纸来印刷，就将其作为官刻本的证据。

这批函札中，包括有宋人向沟、叶义向、洪适、李若川、张运、吕广问等60余人的书简，其中尤其引人瞩目的，是其中存有向沟往来函札多通。结合当时龙舒郡服官及寓居之向氏情形，无疑是以向沟最有可能为这批公文纸的主人。向沟，字荆父，开封人。绍兴三十二年（1162）以右朝奉大夫权知舒州主管学事。隆兴二年（1164）改提举淮东路常平茶盐公事。后历知扬州（乾道二年，1166）、台州（乾道五年，1169）、湖州（乾道六年，1170）、苏州（乾道八年正月，1172）等府。曾协《云庄集》卷二有《送向兄荆父帅维扬》二首[1]："宠数频烦色愈温，耐官丞相克家孙。川原迤逦提封阔，旌纛森严上将尊。心识古人风节似，望知前辈典刑存。春风草绿长淮净，眼看频流雨露恩。""大父曾开刺史天，固应陈迹尚依然。邦人却怪家风在，故老今推宅相贤。仗钺秉旄仍置使，轻裘缓带更安边。须知此日分忧重，更觉光荣掩后前。"大概可见向沟的家世与生平。另在《宋人佚简》署有年月的公牍中，时间上限为绍兴三十二年九月，下限则为隆兴元年（1163）六月，大约与向沟在舒州任上的时间相当。

书背所存的公牍，其实是写在纸张的正面的，其内容多半与酒务有关，不仅可与其他传世史料相印证，还能补充传世史料的不足，为一些研究难点的解决提供线索。而落款所署官吏名衔和所钤官印，又有不见于传世史籍者。所以，这批函牍可供我们从史实、人物、档案制度、公文程序、书法艺术等方面作多方位的研究。以其中所存的尺牍为例，全为当时的书简实物，其形式皆是直行宽距。顾廷龙曾言[2]："观于书简共六十二人，计在

1 文渊阁《四库全书》影印本1140册，上海古籍出版社，1987年，p.243。
2《宋人佚简》序，《宋人佚简》卷前，上海文物管理委员会、上海博物馆编，上海古籍出版社，1990年。

百通……其中有名宦、将士、文人、学者。书简有友谊存问，官场交际。文字则骈四俪六，书法则正书端楷。简纸幅广，行距宽大，为后来所罕见。”但事实上，这种直行宽距与宋人官府中用于奏事的札子相同，也是渊源有自，且这种直行宽距的形式在明清官场上行书牍中照样存在。彭砺志认为，特别是明清规定上行官牍必用馆阁小字，每页六行，其直如弦，这无异于将这一形式制度化。所以，顾先生所谓的罕见，其实并不算罕见。但无论如何，这些宋代遗存的实物，为我们追溯尺牍形式的变化，提供了最佳的实证。再据彭砺志《尺牍书法中所见平阙书仪及艺术范式》中认为[1]，宋代尺牍有以下特点：一是唐时平与阙的界线至宋开始模糊，阙字内容使用较少，平抬的内容大幅度增加，凡涉及受书人，不管是名称，还是动作，乃至属于自己行为而涉及对方者，也一律平抬书之。二是本属于公牍的状、表、牒、札子与私人尺牍书写形式趋于合一，并守相同的平阙习惯，平抬为常，官牍流于民俗可见一斑。所不同者只是署押多具全衔之官职，具以“右谨具呈”。三是有平出无高抬。又云，宋后尺牍书写形式已经完备，即包括九部分：具礼、称谓、题称、前介、本事、祝颂、结束、日期及署押。彭氏总结的这些宋代尺牍的特点，以此书中所存这些函件对照，无不吻合，不仅可见彭氏立论的精审，更可从中看出这批尺牍存世的标本作用。

再以其中所收洪适之函为例。据洪汝奎《四洪年谱》所收钱大昕撰、洪汝奎增订《洪文惠公年谱》[2]：绍兴三十二年四月十九日，适除尚书户部郎中，总领淮东军马钱粮。按：此条为钱大昕据《宋史》本传撰。而据此书中所收之函，知本传漏载其曾官员外郎一事。

另外值得注意的是，虽然这批公文纸确是记录了南宋初期一些公务往

---

1 见于《白云论坛》第四卷，张本义主编，北京图书馆出版社，2007 年，p. 604-605。
2 卷二，宣统元年晦木斋刊，p. 17A-17B。

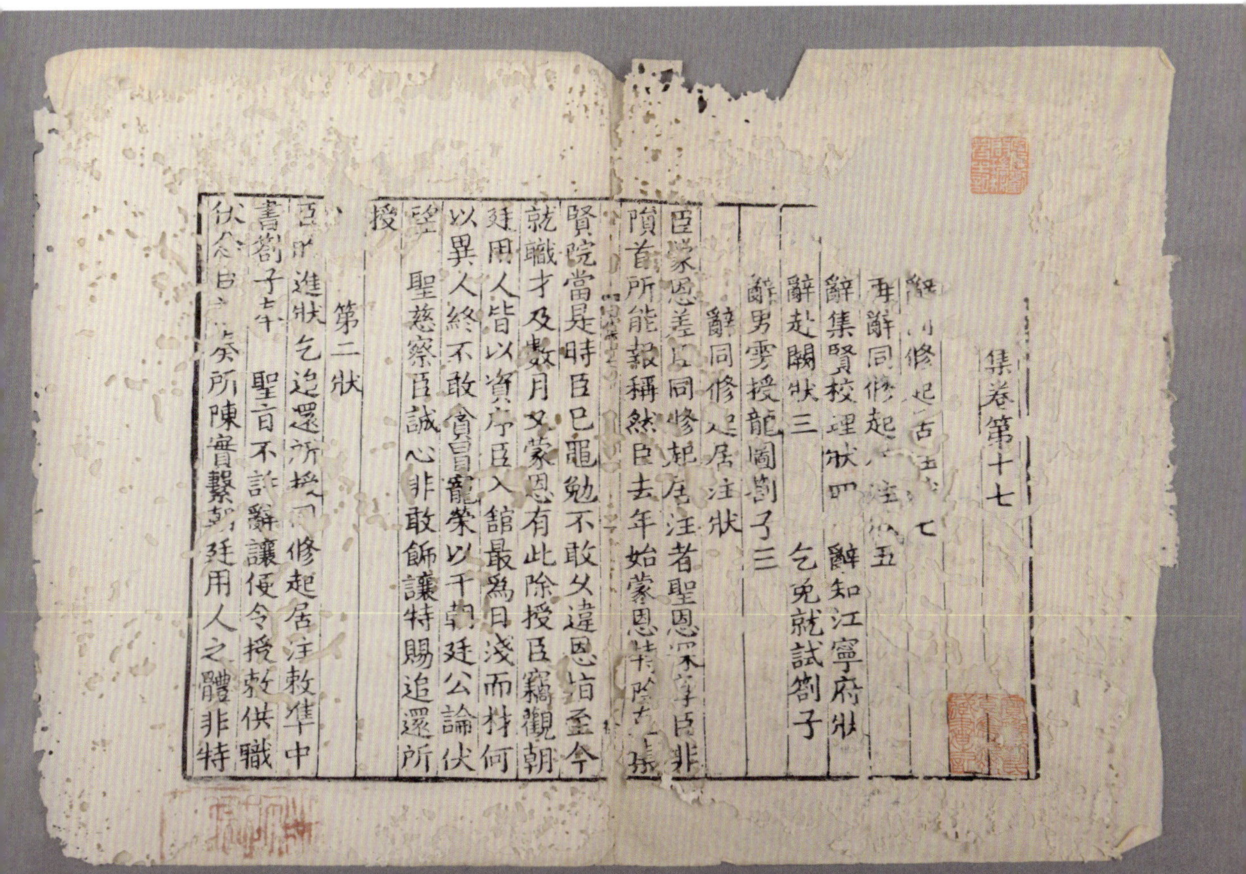

集卷第十七

辭同修起居注狀七

再辭同修起居注狀五

辭集賢校理狀四　辭知江寧府狀

辭赴闕狀三　乞免就試劄子

辭男雱授龍圖劄子三

辭同修起居注狀

臣蒙恩差臣同修起居注者聖恩深厚臣非

隕首所能報稱然臣去年始蒙恩特除直集

賢院當是時臣已黽勉不敢久違恩旨至今

就職才及數月又蒙恩有此除授臣竊觀朝

廷用人皆以資序臣入館最爲日淺而特何

以異人終不敢貪冒寵榮以干朝廷公論伏

望聖慈察臣誠心非敢飾讓特賜追還所

授

第二狀

臣昨進狀乞追還所授同修起居注敕牒中

書劄子午　聖旨不許辭讓便令授敕供職

伏念臣之所陳實繫朝廷用人之體非特

来书札和酒务账目的文书。但这批文献是否确是当时第一时间产生者，即是否原件？其实还值得进一步探讨。以酒务账而论，此部分全系日账，本来就只是汇总之后，重新登记方才上缴的，日账本身并不须作为档案保存，故而由主官私人保存固属平常。而另一部分的公务往来书札，虽然内容、格式皆能准确反映当时实际情形，但字迹拘谨拙朴，毫无一气呵成、行云流水的气息，且虽明显非出一人之手，但部分构件却大同小异，似存刻意模仿之态势。因此，这部分往来书札，很有可能是成于书手，系以原函照录，作为备份，供人参考或留念者，并非原件。如果确是如此，则可以更好地解释为何这批文献收藏于向氏，为何向氏可以以此来印书了。

三、国内所藏《王文公文集》之流传及其影印本

像这样一部赫赫名迹，它的流传却很黯淡，我们现在所能知道的流传线索，只是一个大概轮廓，即先为清内府所藏，光绪末年，宝应刘启瑞与吴县曹元忠两人负责清理内阁大库时，为刘氏所窃取，藏诸其家食旧德斋。之后，曾为南浔蒋祖诒密韵楼、南通吴普心思学斋、孙静安等递藏，约在20世纪三四十年代转入武进王南屏手中，至1984年1月15日，王南屏夫人房淑嫣为捐赠一事，正式去函上海博物馆，云[1]："兹有本人家藏北宋王安石《楞严经旨要卷》壹件，南宋原刻'龙舒本'《王文公文集》十五本（壹件），自愿捐赠给上海博物馆收藏，请予接受是幸。"从此化私为公，宝藏于上海博物馆至今。今考明代《文渊阁书目》《内阁藏书目录》《国史经籍志》中，均无此书的记录，则此书有可能是在万历至清初时期才入藏内府

1 见于《海上收藏世家·王南屏的遗愿：送'王安石'回家》，郑重，上海书店出版社，2003年，p. 423。

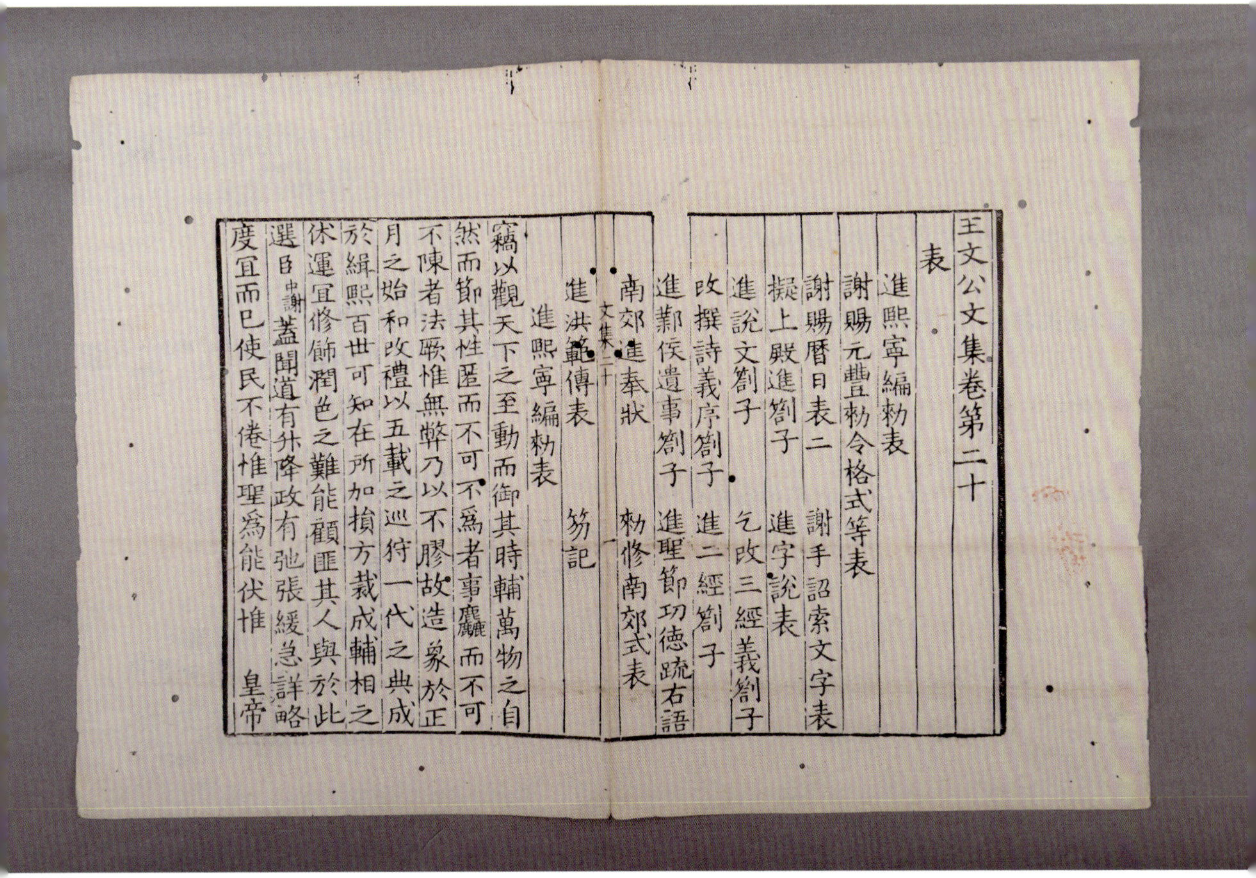

的。而刘氏食旧德斋出售藏品，当在1931年春之后，因此时傅增湘获见此书，尚在刘氏箧中。但这之后不久，此书当即易手。再据原书卷一卷端所钤印记，则入藏吴氏思学斋前，当曾入传书堂中。衡诸蒋氏生平，则此书当为由蒋祖诒售诸吴普心者。今上海博物馆所藏《淳化阁帖》祖本六、七、八卷，即为蒋氏转让于思学斋者，则或许这两件宝物为吴氏同时购入，也未可知。吴氏收藏时间可能不会太久，即转入孙静安之手，未几，又入武进王南屏之手，直至80年代。不过，《王文公文集》原本现在虽然安藏于上海博物馆中，但这一影印本其实自有其不可替代之功用。据傅增湘记录，此书在他经眼之际，存佚情况为缺卷四至七、三十七至四十七、六十一至六十九，共缺24卷（按：此处所记缺卷当有误）。存76卷，又目录2卷。而现在上海博物馆所藏则存：卷一至三、八至十六、二十一至三十六、四十八至六十、七十至一百，又目录二卷，较前佚卷十七至二十4卷。前后相较所缺的这4卷，虽然日本所藏本仍存，但食旧德斋本的样貌，过去一直以为只有赖此影印本以传了。另外，这4卷是何时、如何流散，向来情况不明。而其存亡状况，也一直令人悬想。

像《王文公文集》这样的珍品，竟然被人从严扃密锢的禁中携出，说来真是匪夷所思，但刘氏藏品中，得自秘府之物，尚非仅此而已，即以所见藏园记录[1]，即有1. 绍兴本《临川先生文集》残卷，为刘氏赠予藏园者；2. 三种宋刻合璧之《欧阳文忠公集》；3. 现存台湾的五卷《册府元龟》宋刊残本，是当年刘氏赠予浚仪赵世骏者；4. 今藏国家图书馆的宋刻递修本《隋书》残卷；5. 宋本《纂图互注荀子》残本，为刘氏赠予藏园者；6. 宋本《文苑英华》残卷。7. 宋本《后汉书注》九十卷。诸如此类，均可窥见当时管理之疏漏。

傅先生“王文公集一百卷”条（存卷一至七十）又云[2]：“余尝言于东都耆宿，约异时寮本刊行，余当为作缘，俾以目录及后三十卷增入，以尽珠联璧合之美，无使盈盈一水，终古相望，使后人抚卷而增叹也。”事实上，傅先生曾就此事与当时的商务印书馆董事长张元济反复商讨，据《张元济傅增湘论书尺牍》民国十九年，第四十一通，傅增湘致张元济函，闰六月

1 参《藏园群书经眼录》、《藏园群书题记》等。
2 见于《藏园群书经眼录》，p. 1155-1156。

十五日[1]："附赠《图书寮观书记》，计不日可到。"第四十四通，傅增湘致张元济函，八月廿六日[2]："《王文公集》残本即在大字本欧集人家。昨年在东曾与内藤道及，渠亦拟合印。第数月前有书与之，未见复。馆中能印固佳，但不知寮中肯借否？渠国亦极重视。而颍川君亦颇有居奇之意，恐未易就绪也。若在申照印，而又许之重酬，则颍川固所愿耳。"第四十九通，十月八日，傅增湘致张元济[3]："《王文公集》已与其甥言之，约定由侍写信与之，渠再转商。第恐其愿望过奢，又有秘畏人知之意，恐难以就绪耳。此人新来函，言将北来。或面与之谈，较融洽，且可力破其迷惧之念耳。"又据张元济致傅增湘函第二百通，民国十九年八月十八日[4]："《图书寮观书记》亦奉到，谢谢，中纪《王文公集》有颍川君藏宋刻残本，可以补寮本之缺。是书殆为人间孤本，弟极愿为商馆印行。颍川君未知何人？吾兄能否代商，以目录及后三十卷借我？应如何酬报？亦望询示。如能全数借，则我在东京可仅照二十四卷，亦可省却许多麻烦。但必将书携至上海。此等大部书籍，本重销少，无利可图，姑尽流通之责。"又第二零一通九月五日函[5]："《王文公集》残刻，寮本借印殊不难。所虑者，借到之后而颍川君所有仍借不到，则印此大部残本之书，殊不值得。未知颍川君希望至何程度？可否乞缮致一函，由敝处派人持往面商？此为流通起见，并无利益可图，并乞于函中叙及之。"第二零三通十月八日函[6]："《王文公集》主人既甚珍秘，不必勉强，姑俟时机可耳。"第二零四通傅增湘致张元济函，十月十四日[7]："《王文公集》主人闻将北来，拟乞其携来一商何如？"又云："顷藏书者颍川君之子来见，

---

1 商务印书馆，1983年，p. 244。
2 商务印书馆，1983年，p. 246。
3 商务印书馆，1983年，p. 252。
4《张元济全集》第三卷《书信》，商务印书馆，p. 376-377。
5《张元济全集》第三卷《书信》，p. 377-378。
6《张元济全集》第三卷《书信》，p. 380。
7《张元济全集》第三卷《书信》，p. 381。

当以尊意告之。敝意就此本全照，再以日本本补之，照印《通鉴》办法（补卷另计），合印分利，或可欣动之，俟其来信再以闻。”二十年三月六日，第二零六通张元济致傅增湘[1]：“贵友《王文公集》卷数存目收到。据东友复称，须俟《太平御览》照竣方便再请。”至此之后，两人往来函件中再无此书消息，则或许就在之后不久，此书已经为刘氏售出，故而商务之议，遂尔作罢。而今存之中华上海编辑所据以影印的傅氏旧藏玻璃板，则为其售前为藏园所摄者。但无论如何，傅氏这次出版的努力未告成功。直至几十年后，其“以尽珠联璧合之美”的愿望方得以实现，这也是他多年前费心费力所祈望得到的回报。

四、龙舒郡本《王文公文集》的底本问题

虽然现存资料未及此龙舒郡本的底本来源问题，但根据本书内容判断，此本曾参考很多文献，对于校订王安石集，具有极其重要的作用。此本广搜博辑，内容异常丰富，与相对常见的王珏本系统[2]相比，龙舒本可补王珏本诗词52首、文39篇，其价值可见一斑。除此之外，尚存许多篇章，虽须甄别真伪，但编者将这些文献网罗一处、审慎从事、以备择别的态度，同样值得肯定。

此本与王珏本相较，文字歧异处甚多。不仅如此，就连诗文题目和内容也多有异同，如：

1．卷六十六《次韵和甫春日金陵登台二首》，王珏本卷二十三作《次韵和甫春日登台》，仅收第1首。

1《张元济全集》第三卷《书信》，p. 382。

2 即王安石曾孙王珏绍兴二十一年（1151）刻本，后世之王集，多出于此。

2. 卷五十二《和平甫春日》，王珏本卷二十四作《至开元僧舍上方次韵舍弟二月一日之作》。

3. 卷七十五《绝句九首》，王珏本卷二十六收第2首作《聊行》、第6首作《染云》、第7首作《沟港》。

4. 卷七十五《杂咏绝句十五首》，王珏本卷二十六录第11、12、13、14，名《杂咏四首》．又有《将母》一首即龙舒本之第15首，又卷二十七之《春风》即龙舒本之第1首。

5. 卷七十五《半山即事十首》，王珏本卷二十七作《歌元丰五首》，即龙舒本之第4、7、8、5、9首。又同卷之《淮将》《雪干》《南浦》《随意》《秋云》，即龙舒本之第1、2、3、6、10首。

6. 卷五十四《次吴氏女子韵二首》，题注："南朝九日台在孙陵曲街旁，去吾园只数百步。"此诗王珏本卷三十一无题注，作《次吴氏女子韵》《再次前韵》。

这种文字异同，不仅在丰富文本的解读方面具有重要参考价值，更多时候，在文本的校勘方面，可以起到至关重要的作用。如：

1. 卷十九《赐玉带谢表》"以至授兵算食"。"授"，王珏本卷五十六作"绶"。按：此系形近而讹。"授兵"，见《周礼·夏官·司兵》："掌五兵五盾，各辨其物与其等，以待军事。及授兵，从司马之法以颁之。及其受兵输亦如之，及其用兵亦如之。"

2. 卷二十《进字说表》"以义自然，故先圣所宅"。"先"，王珏本卷五十六作"僊"。按：此系音近而讹。

3. 卷二十四《谢孙龙图启》"养安以节"后，尚存"瞻望门阑，下情无任"8字。王珏本卷八十无。

4. 卷二十六《三不欺》"放齐以丹朱称于前，曰：'嚚讼，可乎？'""放齐"，王珏本卷六十七作"驩兜"。按：《尚书·尧典》："放齐曰：'胤子朱启明。’帝曰：‘吁！嚚讼，可乎？’帝曰：‘畴咨若予采’驩兜曰：‘都！共工方鸠僝功。’”则当以龙舒本之“放齐”为是。

5．卷二十八《夫子贤于尧舜》，自“《孟子》曰……”直至“而其所知宜同”。共计158字，王珏本卷六十七中，皆阙。

龙舒本还有一个特点，就是重收诗文很多。但这种重收，并非校勘不精之误收，大多情况下都是编者有意为之，如：

1．卷四十三《与僧道升二首》，卷五十一作《佛幻》，系前诗之2首，注：“重”。

2．卷四十八《昆山慧聚寺次孟郊韵》，又见于卷五十三，作《昆山慧聚寺二首次孟郊韵》，注：“重”。

3．卷七十七《移松皆死》注“重”，又见于卷七十三，作《李白》。

4．卷七十一《南涧桥》注“重”，又见于卷六十六，作《南涧楼》。

也有未注明而重出者，如：

1．卷六十四《金陵绝句四首》[1]。卷七十五《即事十五首》之第13、14首，实即此诗之第1、2首。同卷《杂咏绝句十五首》之八，实即此诗之第3首。

2．卷六十三《题肃安寺》，卷七十七作《山亭杨梅》。

3．卷六十七《见远亭一绝上王郎中》，即系同卷《见远亭》之前四句。

但即便这些未曾注明重复的文本，其实也并不一定是被刊书者所忽略者，如卷七十一《北山》篇，即卷六十四《游钟山四首》之第四首[2]。这两篇所在版面，皆为同一刻工江清所刻，因此不可能不会意识到此篇之重复。但之所以发生这种情况，显然是与编者的刊刻原则有关。

龙舒本中，还收录有很多当时难以判断其归属的诗文，如：

---

1 王珏本卷30《金陵即事三首》，即龙舒本之前三首。
2 此篇见于王珏本卷26，作《被召作》。

1. 卷四十六，p.2A《汝瘿和王仲仪》注：“或云梅圣俞诗。”[1]

2. 卷四十七，p.7A《勿去草》注：“或云是杨次公诗。”[2]

3. 卷五十，p.2A《江邻几邀观三馆书画》注：“一云梅圣俞作。”[3]

4. 卷五十三，p.2A《次韵王禹玉平戎庆捷》注：“或云王禹玉诗。”[4]

这些篇章在现在看来，大概都与王安石无关，非其所作，但这一做法本身却可以看出编者打算网罗无遗之思路。

龙舒本的编者显然对于作品的收录和内容都经过深思熟虑，如卷五十四 p.6A《次韵酬龚深甫二首》注：“此诗旧集作两绝句，今并为一首。”此诗见于王珏本卷十七，无此注，系两首。再如卷七十 p.2B《入塞二首》之二，注：“此一首误在《题试院壁》。观其文，乃是出塞辞。《奉使诗录》不载，恐脱。不敢补次之，辄收附于《入塞》之后。”此诗见于王珏本卷三十一，名《涿州》。而卷七十三 p.2B《杨子三首》之二“九流沉溺道真浑”，诗尾小字注：“一本作‘道真沉溺九流浑。’”王珏本卷三十二所收此诗即作“道真沉溺九流浑。”卷七十三 p.3A《韩子》“举世何人识道真”诗尾注云：“一本作‘默默谁令识道真。’”与王珏本卷三十四同。卷七十九 p.11B《金山寺》“人事随转轴”句，诗末注“‘转轴’一作‘转蠋’”。而王珏本并无此注。

所有这些现象，既可以看出龙舒本之编者对于所收内容之一丝不苟的审慎态度，又能反映其不肯放过任何王集线索的细致完备的认真做法，正是因此之故，龙舒本《王文公文集》才成为研究王安石作品时不可或缺的一种重要文献。

1 此诗当系梅诗，见《梅尧臣集编年校注》卷 16。
2 此诗见杨杰（字次公）《无为集》卷 3，又《皇朝文鉴》卷 13、《两宋名贤小集》卷 85 亦归于杨杰名下。
3 此诗当系梅诗，见《梅尧臣集编年校注》卷 20，作《二十四日江邻几邀见三馆书画录其所见》。
4 此诗见王珪（字禹玉）《华阳集》卷 3，作《依韵和蔡枢密岷洮恢复迎降》，又《两宋名贤小集》卷 40、《瀛奎律髓》卷 30 亦归于王珪名下。

五、关于龙舒本的刻工问题

《王文公文集》原本一直深藏固闭，很多问题单纯依靠影印本很难得到解决。只可提出疑问，以待日后解决，例如该书刻工的分期问题。

海内外现存两部龙舒郡本《王文公文集》，上博本明显为后印本，日本藏本同出一辙。从较为容易看到的两部书的影印本对比来看，两部书版面状况基本相同，修补板状况基本一致，基本可以断定是同一时段的印本。两部书所存刻工可见者亦多同，有：孙右（右）、魏二（二、媿二）、何卞（何、卞）、魏达（达）、文立、施光（光）、阮宗、江清（江、清）、余亮（余）、叶明（叶）、余才（余）、陈伸（伸、申）、陈通、吴辉（辉）、吴晖（晖）、胡右（胡佑）、潘明（潘、明）、余表（余、表、余表刁）、林选（林、选）、裴道（裴）、徐作砺（砺、徐作利、作利、徐、徐砺、徐利）、李彪、魏可、余全、章旼（章、旼）、余忠、张孜（张、孜）、俞忠、何荆、徐文、媿宾、许和、吴全、陈宗、胡庆等。但这些刻工，大都是活动于高宗、孝宗两朝者，何者在前、何者在后，非常难于分辨。从原书可明显看出，此书虽然字体大皆以颜体参欧为主，但字画之粗细、行距之松紧等方面，都表明该书曾经若干次补版，但因前后所涉刻工基本活动于同一时段，很难分期。尤其是目前可供研究所需者，仅系多年之前的影印本，其原本所存原版、补版之细微差别，基本难以显现。

从书中可见“陛下”“圣”“圣上”“圣旨”“上”“敕”“诏书”“今上”“天子”“皇帝”等及历代祖宗庙号前，一般均空一格，也有空两格者，但也有不空者。总体而言，此书避讳并不严格。宋代刻书，历代相积，相关避讳字甚多，但以本书所见而论，则多不避。尤其是与历代御名形近之字，几乎均不避讳，对于刻工的断代分期，形成很多不便。但总而言之，如果遇到“构”字，避为“御名”者，基本可以肯定系刊于高宗一朝者。如：

卷十六，p.10A，徐文刻“构”字作“御名”。同卷，p.18B，何下刻“以万几之事‘御名’谗诬而并至”。卷三十三，p.1B，魏二刻“开宏‘御名’追奉睟容”。卷三十四，p.8B，徐作砺刻“‘御名’堂其中”。卷六十七，p.7A，余全刻“肯‘御名’会须门阀大”。卷六十七，p.11A，江清刻“缔‘御名’应从物外僧”。卷四十一，p.8B，文立刻“彼昏何为者，诬‘御名’来嚬嚬”。卷九十三，p.2A，陈伸刻“孙尹‘御名’幼失父母，公收教之，再举进士礼部矣。顾言以‘御名’闻，‘御名’由此补郊社斋郎”。卷九十三，p.5B，许和刻“令始至，豪滑辄‘御名’事入县，察令能否”。

根据以上情况，可以大致判断出高宗时期雕版之刻工有：徐文、何下、魏二、徐作砺、余全、江清、文立、陈伸、许和。另外，静嘉堂藏《重校证活人书》十八卷，宋王珏大隐坊刊本，其刻工有陈伸、江清。绍兴江南东路转运司刊《后汉书注》九十卷志注补三十卷，有刻工章旼、陈伸。王叔鲁旧藏绍兴刊《青山集》三十卷，有刻工陈伸、章旼、施光。宝礼堂旧藏绍兴淮南路转运司本《史记集解》一百三十卷，有刻工章旼、林选、施光。绍兴十八年（1148）建康郡刊《花间集》，有章旼。涵芬楼旧藏绍兴二年（1132）两浙东路茶盐司公使库刊《资治通鉴目录》三十卷，有刻工叶明。绍兴十年汪伯彦刻《宛陵先生集》刻工亦有叶明。则这个绍兴年间刻工的名单中，又可以增补章旼、施光、林选、叶明四人。

绍兴二年（1132）刘峤序刊本《温国文正司马公文集》八十卷，有刻工余才。但所谓的序刻本，显然并不是准确的版本描述方法，与事实上的版刻时间，可能差距很大，因此并不真正说明问题。但静嘉堂藏绍兴明州刊宋末补修本《文选注》六十卷，有刻工余才、俞忠、陈通、阮宗等。日本崇兰馆藏绍兴刊《白氏六帖事类集》三十卷，有刻工余才、陈通。加之前面所言，则余才当系绍兴年间刻工。不过，原涵芬楼藏《周易要义》十卷，淳祐十二年（1252）刊本，有余才。又静嘉堂所藏《仪礼经传通解续祭礼》

十四卷，淳祐刊本，也存有刻工余才。宝礼堂旧藏《仪礼要义》刻工也有余才。涵芬楼旧藏淳祐十二年魏克愚刊《礼记要义》，也有余才。绍兴至淳祐有百年之久，因此，南宋之时，当有两位余才，又此书之卷三十五，p.6A，余才所刻“以”“惊”“沟”均缺末笔，但之后所刻“以”字不缺，且此字非避讳字，故可不做考察。故《王文公文集》中所见者，则为活动于绍兴时的余才。又卷十二 p.7A，余全刻，“购”缺末笔。前言余全所刻“构”作“御名”，此处缺笔，用意相同。而宝礼堂旧藏嘉定十七年（1224）江西白鹭洲书院覆建安蔡琪本《汉书》一百二十卷，刻工有余全。则南宋时期，刻工余全或者亦有先后二人。总而言之，余才、俞忠、陈通、阮宗亦可增入高宗时刻工名单。余全，则前已入名单，不须再补。

不过，虽然即便同为高宗之时，也存在雕版先后之分。因其在位时间长达 36 年（1127—1162）之久，仅以绍兴计算，也有 32 年。故而，如果在此期间曾经修版也是情理之中。虽然以“构”作“御名”一事，可以判断为刻于高宗一朝，但其中有些情况也需要考虑，并以此为基准做进一步的评估。如卷二十六，p.17B，“杨子之道虽不足”下，小字双行刻“以为固知为己矣。墨子之志虽在于为人，吾知其不能也。呜呼，杨子”共计 27 字。此 27 字如作大字，填满此行后，恰为一行之字。也就是说，本来这是两行正文，在刊刻过程中，发现本版面已经不敷使用，故而临时改为双行小字，以满足字数需求。此版的刻工为文立，则知此人所刻，当系补版。此版之下一版为徐作砺所刻，则徐氏刻版，似又当文立之前。再如卷十六，p.15A，“砺”（即徐作砺）刻“伏蒙天‘慈特’差臣弟某赍赐诏书”，“慈特”小字双行刻。卷三十五，p.13A，徐作砺刻“中国之老庄、西域之佛，‘也既’以此为教于天下而传后也”，“也既”二字双行小字。而同卷徐氏刻下一版面，p.14B，“况吾父母之州而□去吾庐为□近者邪。”毫无缘由地出现两空格，显然是因上一版面之误刻，将正文刻为小字以节约版面，等到再刻下一版面时候发现其实版面仍有空缺。这就说明，虽然徐作砺雕版系高宗时之事，但其所刻部分，当为补刻[1]。至于徐作砺与文立是否系参与同一次雕版活动？则尚不能判断。

另外，卷二十七，p.2A，江清刻“盖无出于自然之力，可以无与也。‘今之治车者，知其毂辐而未尝及于无也。然而车以成者，盖毂辐具则无’必为用矣。”小字共计 29 字，与本行之五大字合计共为 34 字，恰为正文两行之字数。故江清所刻版面，亦系补刻。而之后一版为何卞所刻，何卞刻版均无补字之事，当系原版。又卷五，p.7A 林选刻“承日与介第讲肄图史，商较世俗，‘甚盛甚盛’。”末四字小字双行。卷二十九，p.1B，章旼刻“生浑则蔽性，‘性浑则蔽生，犹志一’则动气，气一则动志也。”则林选、章旼也系补刻。

除此之外，结合目前可观测之版面状况，又可断定陈伸、余全、孙右系补刻，而李彪、潘明、胡右系原刻。那么结合以上因素。大致可以说，绍兴期间之刻工，其先后至少可以分为两期，第一期刻工大概有：李彪、潘明、徐文、何卞、魏二、许和、施光、叶明、余才、俞忠、陈通、胡右、阮宗；第二期有：陈伸、余全、徐作砺、江清、文立、章旼、林选、孙右。又有刻工胡庆，见于日本藏本之中，此人曾参与明州本《文选》、绍兴《汉书》《后汉书》之补刊工作，则亦为高宗时刻工。

另外如卷二十八，p.12B，吴晖刻“于是之‘卫卫’灵公不可与处也”。卷九十八，p.6A，余亮刻“父讳某，祖讳某，‘曾祖讳某，三世皆’弗仕……”也可判断其为补刻刻工，但具体为何时补刻，则尚不能判断。与前所言之本书刻工相较，目前完全无法判断其为何时刻工者有：魏达、余亮、吴辉、

---

1 小文初稿撰就之后，承上海图书馆陈先行先生来讯见告：“窃以为，何卞、徐作砺等是修版刻工，但何卞等的名字却又出现在原版上者，属修版时补刻而上者。”颇有见地。但因未能核对原书，影印本上无法辨别此类细微之处，故暂存而不论。然陈先生之垂教，固当铭谢。

余表、裴道、魏可、余忠、张孜、何荆、媿宾、吴全、陈宗等，这些刻工，目前仅见《王文公文集》，故其分期尤其需要进一步搜集材料。还需要进一步补充说明的是，虽然这里只是一个简单且不完备的分期，但可能仍有错误。因为补版并不一定是整版补刻，而是只是补刻其残缺之部分，那么现在根据影印本搜辑之刻工及其所在之全部版面，可能并非同时完成，因此并不准确。这里还有不确切的一点：双行小字的存在与补版，并不构成“充分必要”的关系，也就是说，即使是初刻，同样会存在用双行小字来调节行数或版面的可能。

六、关于《王文公文集》的影印及流散

众所周知，早在 20 世纪 30 年代初期时，傅增湘、张元济等多位前贤便有影印此书行世的动议。虽然因故未成，但正是当时傅增湘拍摄的食旧德斋藏本底片，成为后来影印的基础[1]。此书固然在文献学史和文学史上具有极高的价值，但为何在胶片拍摄近三十年之后，徐森玉先生又突然想起推动此事呢？触发的机缘何在？

事实上，此事所以再次被提上日程，很有可能，是与此书的原主人宝应刘氏父子在多年之后突然现身有关。书主刘启瑞（1878—1961），字翰臣，号韩斋，江苏扬州宝应人。斋号有继承于其父刘岳云的食旧德斋及抱残守

1 实际上，商务印书馆在 1952 年时又曾旧事重提，拟印行《王文公文集》，据《顾廷龙日记》1952 年 9 月 7 日：“丁英桂君来，商《永乐大典》即印完，原拟接印《孙子》现因待北京胶卷详校，改先印《王文公集》，为孤本，保持原样，不加变动，概不描润，先打样片，请领导审定开始。”（李军等整理，中华书局，2021 年，p. 609）但随着 1952 年出版总署《全国出版事业五年建设计划大纲（草案）》的出台，明确提出对商务印书馆要在实施扶植政策的基础上，“一俟主客观条件成熟，即改组为公私合营，进而逐渐走向国营”。（中国出版科学研究所、中央档案馆编《中华人民共和国出版史料（1952 年）》，p. 432）在这种形势之下，《王文公文集》的影印工作想必也是因此而终止了。

缺斋。光绪三十年（1904）恩科三甲第六名进士。先后做过内阁中书及内阁侍读，曾与曹元忠一起参与内阁大库的整理，并在此期间获取内阁大库藏品多种。辛亥后，刘氏返里居家不出，并将藏品陆续售出。以此为契机，刘氏与傅增湘得以相识相交，食旧德斋藏书，遂为世人所知。翰臣之子名文兴（1910—1960），字诗孙。早年曾就读于无锡国专，后来毕业于北京大学研究所国学门，曾于辅仁大学襄助沈兼士，任职于《广韵声系》编辑部，又任北平女子师范学院教授，至1940年离职。次年秋，于沦陷区任伪中央大学文史系主任。抗战后，又曾于无锡国专沪校兼课。中华人民共和国成立后，刘文兴任职于兰州大学，反右时，被开除公职回原籍劳动，1960年底过世，刘启瑞亦于两个月后过世[1]。

傅增湘之初访刘氏，现有日记可证：庚申（1920年）五月廿五日[2]："七点访刘翰臣，名启瑞，乃丹庭先生之堂弟也。渠以癸卯乡试出谢鲁卿房中，当时荐卷，余力为赞助，并谓可登魁选，以此感激知遇，乃呼余为师，使人殊为惶怍。自辛亥回家，以校书自娱，读其校记，极有义法，至为难得。"正是因此渊源，刘氏与藏园往来密切，较为亲近。如1939年9月7日，傅增湘曾致函张元济云[3]："世好刘诗孙（文兴）来沪省亲，渠为翰臣中翰令嗣，此次以亲病入院割治，特远来亲侍。祈推爱照拂，至荷。诗孙研考音韵之学有年，久在京校授课，尚乞进而教之。"刘氏父子与徐森玉先生如何相识现已难考，但徐先生作为"藏园三友"之一，或许就是通过傅增湘的关系与他们结识。另外，在20世纪20年代中后期，东方文化事业委员会曾组织中国学者撰写"续修四库全书总目提要"，徐先生曾受聘为此机构收购典籍，而刘氏父子则均参与撰写提要，故至少在此期间，双方已

1 刘氏父子之生卒年，承南京图书馆赵彦梅女士、上海交通大学副教授林振岳博士见示，特此致谢！
2 傅增湘《<藏园日记抄>摘录》，傅熹年整理，见于《文献》2004年第2期，p.244-262。
3 据原函，见于《上海图书馆藏张元济往来信札》八，p.284-287。

经结识结交。

1949年之后，徐森老作为文博图书馆界之耆宿，受到当局礼遇，先后出任上海文管委主要领导及中央文史馆副馆长。职此之故，各地旧文人学者多有屡请援手者，刘氏父子之再现，正是因此之故。盖“反右”以来，刘文兴被兰州大学退职，返里家居而病体支离，故一则屡屡致函兰州方面请求平反等事宜，另则求助徐森老予以帮助。而其父翰臣与他在此时致徐森玉先生的几封信中，就涉及了《王文公文集》的问题。

据某年（当即1959年）3月17日刘翰臣致徐森玉函云[1]：“累岁以来，长物俱尽。曾不自意，旧物荡然。生活逼人，重累故旧。临川集子，曾收数种，次第易米。以目录互有异同，原欲在叔言《拾遗》之外加以识别，留绍兴两本残目未售。其后舍甥王泽民以有项氏收藏章者出售，时用美浓纸影钞其目，得七十余叶并十二行。原蝶装而白棉纸印者，合而存之，久久而亦不能校一字，不如以饷来者。好事有人，必能卒事而笃考。如仆无能为役，既得微资，又能阐扬宋籍。度左右交游至广，必有其人。如蒙作缘，更所企盼。”也就是说，此时刘翰臣因生活窘迫，拟将所藏《王文公文集》残册出售。另外，根据此函推论，其所藏之《王文公文集》其余部分系由刘氏在此之前自行售出者。函中所言之王泽民（？—1958），名毓霖，淮阴人氏。与王克敏过从甚密，曾任北洋政府财政部库藏司司长、北洋保商银行协理、伪华北政务委员会总务局长。然王氏其实与国共两党皆有关联，唯与重庆属单线联系，以戴笠失事，故不为重庆方面承认，曾以“汉奸”论处。1949年后，中共认可其与西山城部关系，现西山克家花园有其曾为西山八路输送布匹、药品之说明。王泽民又曾编撰《房山游记汇编》，请傅增湘撰序，可见其人与傅氏也早就熟悉。实际上，早在当年傅

---

1 据原函照片。

增湘与刘启瑞商讨将《王文公文集》拍摄之际，王泽民就已经在替双方居中联络了，如前引1930年9月30日傅增湘致张元济函中言[1]:“《王文公集》已与其甥言之，约定由侍写信与之，渠再转商。弟恐其愿望过奢，又有秘畏人知之意，恐难以就绪耳。此人新来函，言将北来，或面与之谈较融洽，且可力破其迷惧之念耳。”又1935年7月21日致张元济函[2]：“兹交友人王君泽民寄上绍兴大字本后汉刘《志》二册，祈分神转付罗子经兄手收。此本与衲史所印同，弟只存志三十卷耳。”刘氏父子之所以如此依赖王泽民，想来一则因至亲，再则因王氏任职金融界，交游多富裕之家吧。

但很遗憾，这次刘氏父子的心愿并未达成，由于王泽民已于1958年过世，其家人并不清楚他生前经手之事。据1959年6月17日刘文兴致徐森老函云[3]：“关于争取王泽民扣留未售的宋刊《王文公集》的一册售之公家的事，我已得到王泽民女王蓁的复信，说已由她母亲检出存书的一部分。兹特附上原信，请您审阅。我已再度去函，询问检出的一部分书内，是否有宋刊《王文公集》一册？如已出售，希告踪迹，以便询问。如未出售，希即寄来。候有复信，我再函陈。宋刊《王文公集》不仅用宋代公牍背印，还用宋人尺牍背印。其中有好几个尺牍，是宋代某统制的亲笔，不仅是尺牍的书者，是宋史上有名的人；而且尺牍的内容，还可以补正宋史的错误。前函忘未述及，兹特补陈，并乞转告有关方面。”又8月17日函[4]：“至于想卖物裕生，已无贵重物件。屡向王泽民女交涉，久而始有复函，竟是一再支吾，又说不知父事。于是连售物裕生一条路也走不通了。”所谓的王蓁覆函，现亦留存，云[5]:“表叔：连接您二信，未能及时回信，请您原谅！

1 据原函，见于《上海图书馆藏张元济往来信札》七，p. 191-200。
2 据原函，见于《上海图书馆藏张元济往来信札》八，p. 132。
3 据原函照片。
4 据原函照片。
5 据原函照片。

舅祖所要红样，早已检出，因欲与其他书籍一同寄上，故迟延至今。侄现在虽未上班，但在家搞翻译，工作也很紧张，并不时常回家看望母亲。有时在晚间抽暇回去看看，又不便翻箱倒柜。据母亲说，已找出一部分。舅祖所存书籍，我恐您着急，故先将红样寄上，一半天回京后，再找其他各书。”自此之后，现存刘氏信札中再未言及《王文公文集》事，想已心知书已遗失，不再抱有希望了吧。而此册遗存之《王文公文集》自此之后便了无音讯，直至六十年后方再次现身。但无论如何，这次没有成功的售书，却引发了徐森老推动将之前拍摄玻璃板进行影印一事加以落实。

刘氏食旧德斋所藏，虽自20世纪20年代即已开始陆续出售，但因其藏弆甚丰，《王文公文集》又系其所藏中白眉，自然不欲轻易脱手。但据夏承焘《天风阁学词日记》1940年7月31日云[1]：“宝应刘诗孙访瑗仲，与晤谈久久。刘君乃宝楠曾孙，辅仁大学教授。谓宝应陷后，其家历代先人未刻着稿及宋元善本书被劫一空。传在宝应乡间卖得万余金。诗孙来沪各书坊访问，则杳无下落。”又1944年2月周叔弢致赵万里函[2]：“淮南刘氏所藏宋本《王文公集》共存若干卷？吾兄如有详目，可否钞示？闻傅沅叔丈与刘氏有约，此书不得售之他人，未知确否？张葱玉君曾问鼎，不知刘氏索何价？吾兄如与刘氏相稔，便中乞漫询之。”如周函所言，傅增湘与刘氏本有前约，于《王文公文集》拥有优先购买权。但自1939年下半年，日寇占领宝应，兵燹扰攘，加之家中损失已巨，故此时不顾前约，售书裕生，也是合理之举。另据卢康华《宋龙舒本〈王文公文集〉影印的出版史料》一文披露[3]：傅忠谟曾言：“此王文公集原缺一册……”则又似傅氏父子其

1 见《夏承焘集》第六册，p. 215。
2 见《弢翁藏书题跋·年谱》，p. 229。
3 见于王水照、朱刚主编《新宋学》第九辑，复旦大学出版社，2020年。此处所引者，系据作者卢康华博士提供之未刊本。

实是知晓刘启瑞已经将书售出一事。至 1944 年 12 月，周叔弢又致赵万里函云[1]："《王文公集》闻葱玉出五万元，不知确否？暹恐不能夺矣。"又次年 2 月，周叔弢在致赵万里函中言[2]："《王文公集》曾重托王四[3]，乃归之他人，殊可恨也。此集是宋本中无上神品，恐世人所重乃在宋人书札耳。"细玩函中所言，则购此书者又非张葱玉。结合十余年后，刘翰臣父子仍欲以残存一册出售为盼来看，此时售出者，必系现存上博之七十二卷。而此时购此书者，当即为南浔蒋谷孙。

七、关于日藏本《王文公文集》之摄影

众所周知，20 世纪 50 年代末中华书局上编所影印出版之《王文公文集》，系以 20 世纪 30 年代初傅增湘摄自刘启瑞家藏之公文纸本七十六卷，与日本宫内厅所藏七十卷本之照片参互拼补而成。食旧德斋本之拍摄与影印，前曾撰文言及，但日方藏本之底片究竟从何而来，却一直未曾引起研究者之关注。

日藏本《王文公文集》其实很早就得到了国内学者的注意，如早在 1927 年，董康即曾亲赴图书寮观书，并对《王文公文集》做过详细著录[4]。此后 1928 年、1929 年张元济和傅增湘两位分别赴日访书后，更是对此书关注有加，曾于前揭往来书札中郑重商讨中日藏本合璧影印，并因此而促成了对食旧德斋藏本的拍照一事。至 1931 年 3 月 6 日，傅张二人就此

1 见《弢翁藏书题跋 · 年谱》，p. 236。
2 见《弢翁藏书题跋 · 年谱》，p. 237-238。
3 王四或即文禄堂主人王文进。1934 年 1 月 19 日傅增湘致张元济函："昨在津门在文禄堂王四购到各书，其值皆至昂。"见于《上海图书馆藏张元济往来信札》八，上海图书馆编，国家图书馆出版社，2017 年，p. 66。
4《董康东游日记》卷三"三月七日"条，p. 76-79。

书之影印当已达成协议，张元济在给傅增湘函中说道[1]："贵友《王文公集》卷数存目收到。据东友覆称，须俟《太平御览》照竣，方便再请。"话虽如此，但此后时局日坏，影印日藏本之事后来再未出现在二人通信之中，想来应该是不了了之了吧。

那么，日藏本之拍摄究竟是何人所为呢？要搞清楚这个问题，就不得不提及商务印书馆影印《四库》一事了。1933年6月，国民政府教育部令中央图书馆筹备处与商务印书馆订立合同，影印故宫博物院所藏文渊阁《四库全书》中的未刊本。但此事引发北平图书馆副馆长袁同礼的激烈反对，并在文化教育界引发激烈争论。如赵万里曾拟《景印四库全书罕传本拟目》，申述自己意见，大概而言，所云有以下几端[2]：1. 凡有宋元明旧刻或旧钞者，应废库本而改他本；2.《永乐大典》辑本若有原本存者，当改用原本；3. 据残本录入《四库》者，当改用旧刻全本；4. 如底本可据，则用底本而废库本；5. 应与文津阁本比对，择善而从；6.《宛委别藏》之罕传本当一并印行。而在商务印书馆方面，却存在不同看法，如张元济8月14日致傅增湘函谓[3]："影印《四库全书》，此中有人蓄意破坏，公等殆未深知。昨见报章授经领衔致教部公函，公名列第二，谨剪呈，乞察入（鄙见书籍出版不厌其多，武英殿聚珍版丛书均出库本，世人亦甚珍之也）。弟前日晤授经，谈及此事。渠谓赵万里方持一信来，已签名去矣。弟复告以个中曲折，授经乃恍然。我兄七月廿九日来示亦主张阁本、善本可以并印，然则上教部函又似未之知也。以鄙见度之，教部震于公等大名，恐不免将此事打消。商务舍此可并力印厚利之书，固亦合算，惟影印《四库》一事，一而再，

1 据原打印稿，见于《上海图书馆藏张元济往来信札》二，p. 175-178。

2 见《赵万里文集》第一卷，冀淑英、张志清、刘波主编，《芸香阁丛书》本，上海科技文献出版社、国家图书馆出版社，2011年，p. 385-402。

3 据原打印稿，见于《上海图书馆藏张元济往来信札》二，p. 223-224。

再而三，亦可谓磨折多矣。”作为局外人的朱偰，曾在其《天风海涛楼札记》中言[1]：“（中央图书馆馆长蒋复璁）与朱家骅相善，朱为教育部长，遂以蒋为中央图书馆筹备处。蒋就职以后，思一鸣惊人，影印《四库全书》真本，以与北平图书馆分庭抗礼。北平图书馆长袁同礼氏，以图书馆权威自居，心弗善也，纠集北京学者反对之，并在报刊撰文论影印《四库全书》之非计，于是二人积不相能矣。”但以今日观之，双方争执各有是处，一则为从善原则，一则为从真原则，朱偰所言倾向性过于明显。事实上，直至现在，影印古籍时仍然会出现类似之观点之争，究其缘由，不过只是古籍流通与保护的方法与步骤之不同而已，并非原则问题。

但无论如何，此事最终其实仍旧维持了原议，故宫藏文渊阁本《四库》之珍本，终得行世。据《蒋复璁口述回忆录》：“经过多方努力，影印文渊阁本《四库全书》终于完成，名称定为《四库全书珍本初集》，计二百二十一种近二千册，大多为明前书籍。《初集》于民国二十三年共印一千部，中央图书馆得到一百部作为版税，用以开展国际交换，从而获得不少西文书，中央图书馆因此在国际上逐渐知名。民国二十四年，中央图书馆又选出经史子集图册各一种六册，由商务印书馆按原样影印、装订，用于交换。”虽然结果如此，但其实袁同礼在南北争辩过程中，已经有所行动。据《董康东游日记》卷五“十一月十四日”[2]：“午后，留学生黄监督率林秘书来，欲开会欢迎，以整理译稿无暇，谢其盛意，并述此次之来与北平图书馆长袁守和兼有教育部任务，俟袁到此，再与诸同学图畅叙。”又“十一月二十八日”云[3]：“杨鼎甫来，出守和函，知伊因事羁绊，不克

1 中华书局，2000 年，p. 168。
2 王君南整理，《近世学人日记》本，河北教育出版社，2000 年，p. 215。
3《董康东游日记》卷五，p. 224。

东航。附有目录数纸，嘱鉴定应印书籍。乃邀集长泽、田中来寓共同选出，属于图书寮者为《玉堂类稿》《宋景文集》《王文公集》《太平寰宇记》（均宋本）《金台集》（元本）《群书治要》（古抄本）七种，属于静嘉堂者为《吴志》《王右丞集》（均宋本）二种，俱人间孤本也。”杨鼎甫，即杨维新，系北平图书馆日文部主任，当时陪同董康赴日调查善本。而袁同礼则因局势之故，不能亲自赴日。又卷六“十二月十八日”[1]：“此次承袁君守和之托选印善本，自宜以孤本且有声价者为限，故前日与长泽、田中合定若干种。乃今日鼎福交来袁君函，大致倾向于类书《广韵》，俱吾国之习见刻本者，莫测其意之所在。”此后日记中虽然再未记述此事，但《王文公文集》当即因此而得以拍摄，这也解释了为何在二十余年后影印此书时，这些胶片存放于北京图书馆之中了。

八、新见《王文公文集》残卷述略

《王文公文集》原本现在虽然安藏于上海博物馆中，但其影印本其实自有不可替代之作用。据傅增湘记录，此书在他经眼之际，存佚情况为缺卷四至七、三十七至四十七、六十一至六十九，共缺 24 卷（按：此处所记缺卷当有误）。存七十六卷，又目录二卷。现存则为：卷一至三、八至十六、二十一至三十六、四十八至六十、七十至一百，又目录二卷，较前佚卷十七至二十 4 卷。前后相较所缺的这四卷的内容，虽然可以日本所藏本补齐，但其原貌则似乎只有赖此影印本以传了。尤其令人遐思的是，这散佚的 4 卷中，不知是否也有宋人手迹留存？可惜的是，当年藏园仅仅择要拍摄了部分书背的函牍照片，今见于影印本附录的函札总计才有 14 幅，

1《董康东游日记》卷六，p. 244。

7

南宋 龙舒郡本 王文公文集 书背酒务账
上海博物馆藏

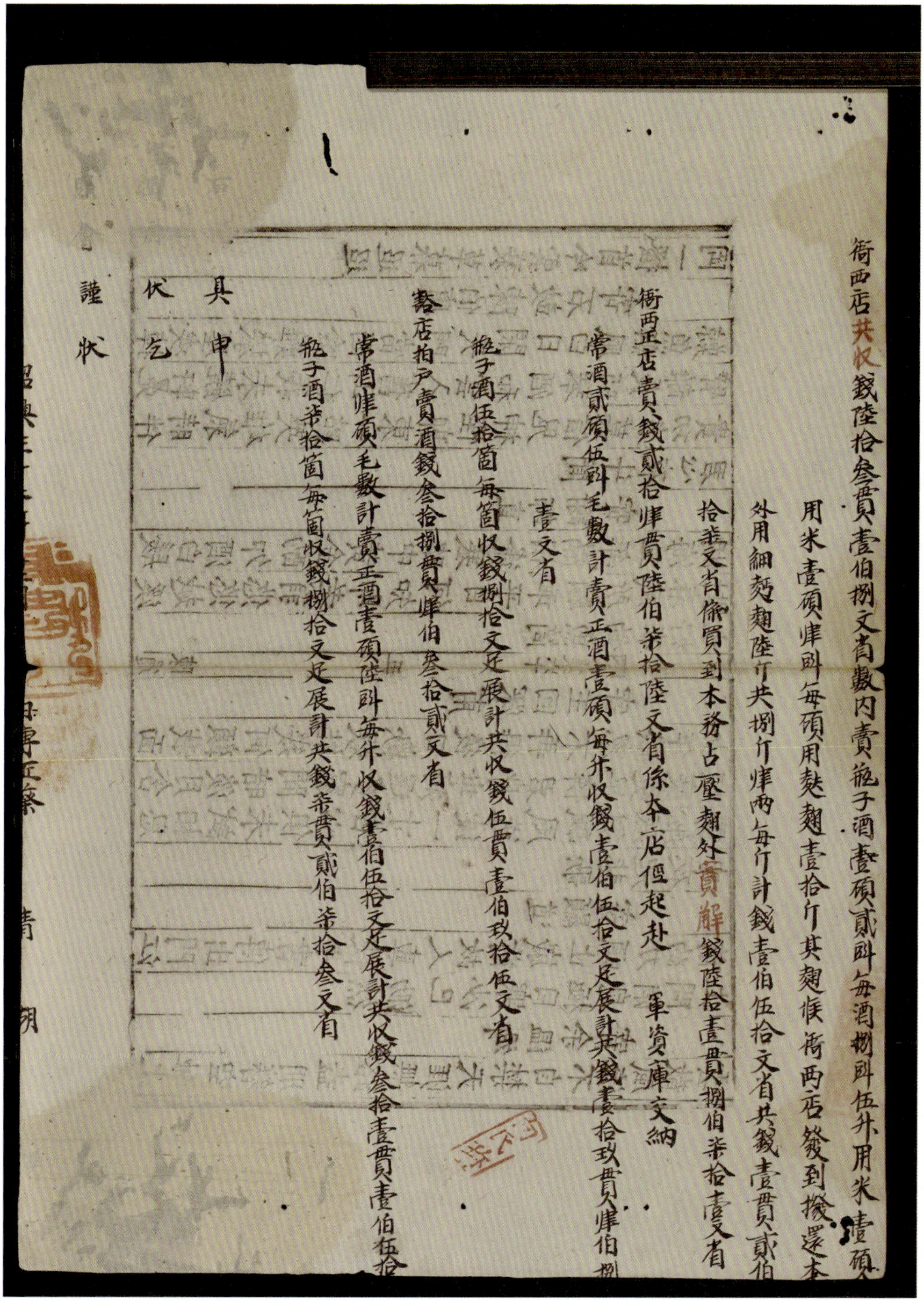

事实上，只是相当于原书的20面（中有拼合者6面）而已，且都包括在现存函札之中。所以，这4卷书背上究竟是如何情形？甚值得探究。

值得庆幸的是，这遗失近百年之4卷中的3卷，在数年前突然现世。与刘氏所藏期间相较，这一海内珍品现在仅有第十九卷尚未发现。此次新出现的《王文公文集》三卷残卷为第十七卷、第十八卷、第二十卷，其中十七卷19页、十八卷19页、二十卷18页，3卷共计56页。此3卷与上博所藏《王文公文集》一样，也是公文纸印本。第十七卷书背存向沟简札五通6页、权安节简札八通10页、吴巘简札一通1页、酒物账1页，空白1页。第十八卷书背存有吴巘简札四通4页、尹机简札十通13页，空白2页。第二十卷书背存有汪舜举署名之酒账两通4页、钟世明简札一通4页、雷豫简札两通2页、张临简札两通2页、周彦简札一通1页、向沟简札两通4页，空白1页。3卷共存简札36通47页，酒物账5页，空白4页。

经与上海博物馆现存之本相比勘，可以认定，这次出现的3卷《王文公文集》，就是当时同藏食旧德斋之物，这一点据影印本之书影和上面的藏印本身可证。但即便如此，依然值得一提的有以下几点：1. 从现存该残卷的留存状况来看，尤其是页面的虫蛀情况来看，与上海博物馆所存品相、遭蛀情况相似；2. 卷十七卷端，存有两方刘氏藏印，右上角为“宝应刘启瑞秘籍之记”白文方印，左下角为“宝应刘氏食旧德斋藏书之记”朱文方印，无论形制、位置还是内容，都与上海博物馆所藏完全相同。又其左下角残存的半方朱印，经与上海博物馆所存公文纸上所钤者比勘，可知为“监舒州商税印”。此印在上海博物馆所存部分中，出现近20次，都是用于酒务账中。此残印所钤处之纸背，正是酒务账。3. 该残本所存刻工有卷十七：徐作砺、徐砺、吴晖、何卞、李彪、明、潘、余表、潘明；卷十八：林选、余表、余、林、章旼、裴道、徐文、余忠、何卞；卷二十：章旼、江清、江、吴晖、魏达、余亮、余，与影印本相同，也均见于其他卷册。4. 书背现存简札，除雷豫之外，都见于《宋人佚简》所录，而可补充相关文献不少，如向沟原存10通，现可再补7通；权安节原存15通，现可再补8通；吴巘原存2通，现可再补5通等。不仅对于研究《王文公文集》的刊印史大有帮助，也是研究宋代书札内容与格式以及公务交往的最佳数据。5. 上海博物馆所存酒务账集中于绍兴三十二年十一月至隆兴元年四月之间，新发现之5页，也未出此范围之外。

如前所述，早在1930年，傅增湘就曾与商务印书馆董事长张元济先生提议，将此书影印出版。显然，当时傅增湘与当时的藏家食旧德斋已就拍摄达成协议，故而才有后来的玻璃片底版存世。过去大家都下意识地认为，该影印本中卷十七至二十之底本都是刘氏旧藏。现在通过此3残卷与影印本比对，可知实际情况并非如此。影印本之底本实际上主要是食旧德斋本，但其中破损严重者，都已经用图书寮本予以调换。

据卢康华《宋龙舒本〈王文公文集〉影印的出版史料》一文披露[1]，在卢氏自藏的关于上海古籍出版社影印《王文公文集》的资料中，有一份这样写道："赵万里同志见告：这批玻璃片是傅增湘后裔傅忠谟先生所有。经赵同志介绍，我处派伊见思同志与忠谟先生联系结果，傅同意玻璃存片借给我局印刷出版，由他备具书面给北京图书馆请将存片交我局；同时，他对我局提出四点意见：（一）此王文公集原缺一册……"这里所言的原缺一册，语焉不详，过去不明所指。现据该书实际残存状况分析，可知系指与食旧德斋原藏相较，现存之书少了一册。也就是说，现在新发现这3卷，是在当时傅增湘为之摄影之后不久，就与第十九卷一起丢失了。即此本的

1 见于王水照、朱刚主编《新宋学》第九辑，复旦大学出版社，2020年。此处所引者，系据作者卢康华博士提供之未刊本。

第十七至二十卷，在1931年傅氏拍摄完成之后不久，就已经与上博现在所藏部分散失了。且这4卷本来应该是一册。

又有可言者，当年此书存于食旧德斋之初，或许尚为宋代原装，也就是如赵万里在《宋龙舒本王文公文集题记》中所说："蝶装广幅，纸莹墨润。"但赵万里本人显然是没有见过原书的，他的这一说法，不知所自，很有可能是想当然耳。现在上海博物馆所藏《王文公文集》，散页分装于十五盒之内，并未装订。过去一直以为之所以被拆成散页，是当年影印《宋人佚简》拍摄之需而致。但从这次新发现的3卷残本也是散装的情况来看，或许拆装并非拍摄《宋人佚简》时候所为，因这3卷在影印《宋人佚简》时，早已遗失。故其拆装，很有可能是在傅增湘当年拍摄之时。包括这次新发现的3卷在内的那一册，就是在拆装之后才遗失的。另外，赵万里说此书原本蝶装，所言或指成书之初，因为上博现存之卷与这次新发现的3卷，都存有装订之孔。也就是说，即便此书曾经是蝶装，也早经改装为线装了。

另外，关于书背的简札与文书，与已经影印出版的《宋人佚简》内容一贯，形式相同。如卷二十第12页、第4页书背，均存："……照会，谨状。绍兴三十二年十二月　日，专匠蔡青、胡僎。右文林郎司法参军专一提点酒务汪舜举"等内容，都是绍兴三十二年十二月的舒州在城酒账，这些酒账是关于当地酒务卖酒和衙西店卖酒的会计报告。《宋人佚简》中，收录这类文书21件，其中13件完全者。此两件一则显然只是酒账的最末页，若经仔细比对，或者可与现存者璧合。另一则较为完整。两者皆反映了当时地方酒务方面的一些规章制度，如所谓"専匠"，当系掌握酒榷的由地方小官吏充任的"専知"和酒务工作人员"酒匠"的合称。结合其他酒账，可知这里的蔡青就是酒匠，而胡僎则是专知，两者并举，可以想见作为酿酒的技术人员，酒匠的地位还是较高的。这些酒账都是格式化文书，但因是日账，故每天都须登记上报。《宋人佚简》中，收录有与当地小官吏充任的在城酒务主要负责人：专一提点酒务汪舜举相关者，始自绍兴三十二年十二月十六日，直到隆兴元年的正月，共计10多件，与此次新发现的这两件，可以互相补充。这批留有日期的酒账，还有一个重要作用，就是说明了这批公文纸的形成时间，大概截止于隆兴元年。也就是说，这部龙舒郡本《王文公文集》，最早印刷时间不会早于隆兴元年上半年。

九、《王文公文集》的刊刻之谜

龙舒郡本《王文公文集》初刻于南宋高宗绍兴初年，后于高宗在位期间曾经修版。现存《王文公文集》，无论是上海博物馆，还是日本宫内厅所藏部分，以及这次新发现的3卷，事实上都是后印本。虽然用纸不同，但印刷显然基本是在同一时期。这一点，根据影印本中日双方所藏部分刻工并无明显差异，且以卷十七、十八、二十为例，日藏本的刻工与此次新发现的三卷完全相同可证。宋版书向来有“字大如钱，纸白如玉”之誉，此书就是其中典型。但很明显现存之本都有多处补版，只是其原刻、补刻均在高宗时期，避讳字相同，很难判断出哪些是原刻、哪些是补刻。但由此却能引发一个新的问题，即此书既然在短短数十年内就曾经补刻，说明当时的印刷量甚大，而竟流传如此之稀少，实在令人不解。另据前揭现存之王珏本卷第一百末有王安石曾孙王珏题后曰：“曾大父之文，旧所刊行，率多舛误。政和中门下侍郎薛公，宣和中先伯父大资皆尝被旨编定。后罹兵火，是书不传。比年临川、龙舒刊行，尚循旧本。珏家藏不备，复求遗稿于薛公家，是正精确，多以曾大父亲笔、石刻为据，其间参用众本，取舍尤详。至于断缺，则以旧本补校足之。凡百卷，庶广其传云。绍兴辛未孟秋旦日，右朝散大夫、提举两浙路常平盐茶公事王珏谨题。”王珏所言的“临川”本，就是他刊刻的底本。所言的“龙舒”本，按道理就是此本，据其所言，应该是曾经作为参校本的。但据前揭比勘成果，显然二者差距甚大。赵万里在影印本前言中也认为："龙舒本凡百卷，卷数与杭本同，诗文都按体分类编次……与杭本先诗后文编次迥异。龙舒本内容和薛昂初编本比较接近，在编法上有其独特之处。"又说"两本互勘，除篇题和字句间的异文层见迭出，应细加抉别，择善而从，或两存外，还有以下两种情况：一、两本脱文，可互为校补……二、两本佚篇，可互为缉补。"所以，岛田翰曾言："则此书（龙舒郡本）高宗时依薛本所入梓也，并王珏所未见矣。"那么，王珏是否确实参考过此本？如果没有参考，是否说明此本在当时就难得？如果曾经参考，则为何其中出入如此之大？凡此等等，都需要进一步研究。

这批公文纸上，既然皆钤有"向氏珍藏"之印，说明这批公文纸是由当时的舒州主官向沟自行收藏的，除非特殊情况，别人不太可能有机会获取。再据徐松《宋会要辑稿》[1]："向沟，开封人……隆兴二年（1164）闰十一月二十八日，诏右朝请大夫、直秘阁、提举淮东路常平茶盐公事向沟，可特降两官，以沟乘军事之际，托出巡为名，擅离置司所月余故也。"也就是说，在隆兴二年下半年时，向沟已经自舒州任上离职。皇祐三年到至和元年间，王安石曾经任职舒州通判。舒州所以刊行王安石之诗文集，是因此系王氏旧游之地。向沟与王安石一族，也有着千丝万缕的联系。向沟之父子莘，为曾布之婿。曾氏为王安石姻亲，又经王提携，亦曾任职舒州。故而在向沟离任之际，以本地旧刻《王文公文集》作为离职纪念，也是非常符合常情的。匆促之际，以任内珍藏的公文纸来印刷文献，显然是最佳方案。如果此说成立，则现存这部《王文公文集》当即印刷于隆兴二年年末之时。另据华东师范大学顾宏义教授推测[2]，还有一种可能就是向沟在

1《职官七十一》，第八册，刘琳等点校，上海古籍出版社，2014年，p. 4951。
2 2020年11月22日面告，后又于微信中谈及。

离职之时，将其所藏的这批公文纸寄存于当地的军资库中。时过境迁之后，有人重印此书，便以库中所存之旧纸印刷。这个假设也可以很好地解释纸上所钤“向氏珍藏”一印，毫无规律，随意乱钤的现象。如果真是如此，那此书的印刷，则要更晚一些。不过，无论是这两种情况中的哪一种，这部书印刷于南宋时期是毫无疑问的。

扫码观看《南宋龙舒郡本〈王文公文集〉探研》现场内容

第十讲

李 兰
上海博物馆书画研究部副主任
研究馆员

画里画外谈雅集

在中国的人物画里，有这样一种题材——即以文人雅集为题材的人物画，它不仅仅具有审美价值，还有很多深层的文化内涵。通过雅集图，可以帮助今人了解中国历史，了解中国优秀的文化传统，并以此来揭示文物背后的故事。

一、人物画的发展与雅集图的兴起

雅集是指古代文人士大夫之间的群体性的文化娱乐活动。现代人亲朋好友之间的相聚，一般可能会是聚餐、喝酒或打牌唱歌之类的形式，而在古代文人的雅集更加突出的则是“雅”字。这个“雅”指的是雅集以抒发情怀、怡情养性的自适为目的，形式多为赋诗唱和，还有琴棋书画等。

人们今天可以从历史的文献当中了解一些古代文人雅集的史料，同时也可以通过雅集题材的绘画作品，更加直观地去了解历史长河当中的文人雅集的具体情况。

雅集题材的画作，隶属于国画三大画种之一，即人物画。人物画的萌芽可以追溯到人类祖先以人物为题材的美术创作。原始人物画通常与原始人的信仰相关。从艺术角度而言，原始人物画总体上造型简略，特征夸张，具有类型化特点，画面布局随意散漫。例如位于内蒙古自治区阴山山脉的新石器时代岩画（图 1）和江苏省连云港市将军崖岩画（图 2）。这些都是人类的祖先通过敲凿、磨刻、线刻等手法在岩壁或者石壁上完成的画作。在这些画作中，人物是通过线条来造形的，形象夸张。广西壮族自治区的花山岩画（图 3），还有彩陶盆舞蹈纹的彩绘（图 4），则是用色彩来描绘

2

江苏连云港将军崖岩画

3

广西壮族自治区花山岩画

4

舞蹈纹彩陶盆
中国国家博物馆藏

人物形象。也就是说，国画人物画中用线条造形、用色彩表现的特点，都可以在原始美术中找到些雏形。我们的祖先以人物形象入画，是对自我形象的艺术创作，是人类自我意识觉醒和不断发展进化的过程。中国画中许多造型方式和审美因素都孕育于原始美术中。

经过漫长的历史演进，战国时期的人物画已经达到了很高的水平。比如湖南长沙出土的两幅楚国帛画——《龙凤人物图》（图 5）和《人物御龙图》（图 6）。很多学者指出这两幅图有人物灵魂升天登仙的寓意。龙凤作

5

战国 龙凤人物图
湖南博物院藏

6

战国 人物御龙图
湖南博物院藏

为中国传统文化中的神兽，在画中有灵魂引导或御龙升天的含义。

此二图人物造型洗练概括，人物形态衣袍描绘十分舒展自如，人物形象呈现轻盈欲飞的意态。仔细端详《龙凤人物图》中的凤凰，可以发现画家描绘凤爪的线条粗壮有力，表现出了凤爪的力度，凤凰身上的羽毛则非常柔和细腻，展现了鸟类羽毛的轻盈感。可见当时的画家已经可以非常灵活地运用线条去表现质感，这是绘画艺术表现手法的极大进步。在《人物御龙图》中，虽然笔法稚拙，但在人物身体、龙和华盖的绘制时，作画者都使用了渲染的画法，这也正是后来中国画的一种表现技法。画中的人物衣襟和华盖飘带，都展现出了向上飞舞的飘动感。由此可见，作画者对于运用线条的粗细、缓急、疏密的节奏关系和艺术效果把握较娴熟，战国时期的人物画也已经达到了相当高的水准。

到了魏晋南北朝时期，人物画可以说已经臻于成熟。比如说东晋顾恺之的《女史箴图》（图 7），就是根据张华《女史箴》的文字，将故事分段作图，并书写了箴言。这样的形式和现在的连环画十分相似，一段文字搭配一幅画作，通过画作来解释文字，可以让看画人对于画中场景一目了然。

从大英博物馆藏的唐摹本（另有一说为隋唐官本）中，能窥得顾恺之的丹青原貌。其人物面目、衣纹气息古朴，十分典雅。画中采用了“游丝”

7

东晋 顾恺之 女史箴图卷（唐摹本局部）

大英博物馆藏

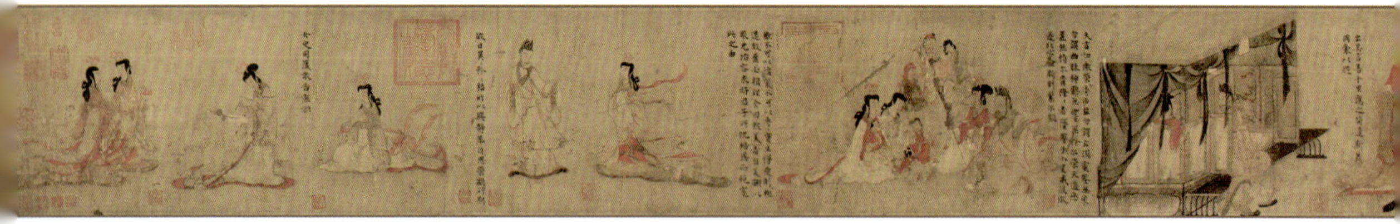

描技巧，描绘人物衣纹的线条就如同春蚕吐出的丝，细而劲，内含筋骨，同时又能表现出衣襟的潇洒飘逸。

每段故事画情节处理得十分生动，人物主次分明，画面内容与《女史箴》文相辅相成，故事主题清晰明了。《女史箴图》其中一幅画的是“冯婕妤挺身护主”的故事，即汉元帝率宫人看斗兽之时，有一黑熊突然跃出围栏，直逼皇帝，冯婕妤挺身而出，以身挡熊，护主救驾。此图的画面构图已不见原始人物画中的散漫布局，转而将人物关系处理得主次分明，在紧张的情节描绘中，突出表现了冯婕妤挺身而出大义凛然的勇敢。可见，顾恺之的绘画功力已经达到非常高的水准。

到了唐代，人物画已经非常兴盛，在人物鞍马、仕女、肖像、宗教等题材都取得了非凡的成就。当时的画家在顾恺之“传神论”的基础上，亦非常注重人物神情和心理的描绘。例如唐代阎立本所绘的《历代帝王图》(图8)，画家将人物的神态、个性拿捏得十分到位。与西方透视法不同，中国人物画通过人物关系、位置布局及主要人物明显大于次要人物等的艺术处理手法突出主要人物形象，因而画中的帝王形象明显突出，神色威仪庄严，个性分明。

8

唐 阎立本 历代帝王图卷局部（唐摹本）
美国波士顿美术博物馆藏

两宋以降，文人画逐渐成为画坛主流。当时由文人士大夫所画的画，更讲究文人气和笔墨，因而也被称为“士人画”“文人画”，主要区别于以画画为职业的民间画家和宫廷画院画家的作品。这些文人画更在意对自身情感的表达，注重书法和文学修养的展现，和唐代以前偏重对描写对象神态刻画的艺术特点已全然不同。文人画不再单纯地追求外在事物的神形兼备，而是强调通过笔墨将画家内在情绪融入画面中。

随着文人画的兴起，文人在中国画坛成为主角。反映文学作品里的文人雅集故事及记录现实中的文人生活，逐渐成为人物画的重要表现题材，这些人物画也就是现在所说的“雅集图”。

二、细说雅集图

在以文人雅集为题材的画作中，为人所熟知的竹林七贤、兰亭修禊、西园雅集等均是经典的母题，被历代的画家反复描绘，充分展示了不同时期画家的艺术想象力和高妙的笔墨表现力，至今沿袭不绝。文人雅集题材画作不仅带来了视觉的审美体验，而且蕴含了许多人文底蕴。

我们今天从“对精神家园的构建”和“对现实生活的再现”两个方面来论述雅集图的艺术形式演变轨迹，和这些书画文物背后的故事。

1、精神家园的构建

在中国传统文化中，文人士大夫通常心怀家国、锐意进取，但在社会动荡、仕途失意或朝代更迭之际，往往崇尚隐逸思想。在文学史上，魏晋南北朝时期的“竹林七贤”等雅集故事和记载就是对文人士大夫隐逸生活和思想的呈现。此类题材经常被后世画家所描绘，成为后人对古代文人士大夫的敬仰和追忆，理想“精神家园”的构建。

1）竹林七贤

三国魏时的嵇康、阮籍、山涛、向秀、刘伶、王戎及阮咸七人，因常在山阳县（今河南焦作修武县，可能为现今云台山一带）的竹林之间饮酒、纵歌、清谈，肆意酣畅，而被世人称为“竹林七贤”。这七人大都崇尚老庄之学，生性放达，不拘礼法，这种超脱尘世的魏晋风度，为文人士大夫所推崇。因此，他们的故事也常被后世的画家入画，成为历代文人景仰和追忆的一处精神家园。

上海博物馆藏孙位的《高逸图》卷（图 9），堪称晚唐人物画的杰作，代表了那个时期的绘画高峰。由于年代久远，流传至今的唐代绘画，可以说是凤毛麟角，其中对于画作作者归属没有争议的，更是屈指可数。由此

可见，孙位《高逸图》卷的珍贵程度。

《高逸图》卷中描绘了四位身着宽袍大袖的古代文人士大夫形象。他们列坐于非常华美的毯子之上，举止神情潇洒脱俗，气度不凡；周围以树、石进行间隔，背景比较简约。此图线描圆润细劲，设色典雅高贵，气息高古。此画经过专家与竹林七贤主题的砖画（图 10）、石刻等史料的比对后，被认定为《竹林七贤图》的残卷。

9

唐 孙位 高逸图卷

在绘画技艺方面，比如画中所绘的山涛。孙位通过描绘人物的宽襟大袍，上身袒露、手扶膝盖的动作，以及炯炯有神的前视目光，将山涛的恢宏气格和洒脱风神表现得非常到位，也与历史上对于山涛这一人物形象的记载非常吻合。从中可以看出，画家在创作人物形象的时候，并不是凭空而画，他是根据史料记载，对于人物性格进行揣摩后，才落笔作画的。

画中列坐的第二位人物手持一柄如意，根据史书中有关王戎喜爱作如意舞的记载，由此推测此为王戎。如意在当时是名士常会使用的一种道具，既可以用来随手指挥，也可以摆弄观赏，还能作为防身之用。王戎出身于琅琊王氏，饱读诗书，因此画家在作画时，特意在人物的面前绘制了一份还没有完全展开的卷册。孙位通过对人物周围道具的描绘，来烘托人物的精神气质，突出了王戎饱读诗书、博学聪慧的一面。

图卷中接下来的一位人物正手捧酒杯，抿唇斜身向后吐出酒中杂质，他身侧的小童子，则托着器具接盛。在历史记载中，竹林七贤中的刘伶好酒，还曾写过《酒德颂》，因此可以判断这位画中人就是刘伶。画家对刘伶嗜酒如命的神态刻画，可谓入木三分。

10

南朝 竹林七贤与荣启期砖画

南京博物院藏

最后一位画的是手握麈尾的阮籍。据史料记载，阮籍擅长清谈，辩才了得。相传麈在古代是指一种类似于鹿的动物，它们在迁徙时，麈群后方的麈会通过看前方同伴的麈尾来判定迁徙方向。因此麈尾，也带有领袖群伦的含义，手握麈尾即代表着名士风范。因此，阮籍执麈尾的形象，正显示了他的大名士身份。

即便是画中的背景，孙位对于树、石的描画也颇为考究。例如绘石时，他采用了皴和染的画法，表现其坚硬的质感和造型的立体感；画树时，用皴染画树干，用双钩画树叶。由此可见，晚唐时期的山水画已经非常成熟。

当把《高逸图》卷中的人物衣纹和顾恺之的《女史箴图》进行对比，可以发现孙位继承了顾恺之的“游丝”画法，以“春蚕吐丝描”来表现衣纱的轻薄与衣袖的宽大，借此衬托出魏晋名士的洒脱风度。

而当把画中的四位名士放在一起进行对比，又可以发现每一位名士神态各不相同——山涛的豁达情怀、王戎的凝思遐想、刘伶的嗜酒如命，以及阮籍的悠然自得，都展现得淋漓尽致。顾恺之的绘画思想“传神论”在晚唐孙位《高逸图》卷中有很好的体现。

竹林七贤这个题材，被历代画家不断描绘，但随着时间的推移，绘画风格发生了极大的变化。明代画家李士达就曾绘制《竹林七贤图》卷（上海博物馆藏）（图 11）。此图在绘画技法上，具有典型的时代特色。山水画经过五代两宋的大发展之后，雅集题材作品在注重表现人物精神气质之余，更强调山水、园林背景的描绘与烘托，人物画与山水画的结合更为紧密，并呈现人物逐渐蜕变为山水的点缀与附庸的倾向。与传统“竹林七贤”人物并列式构图不同，此图构图饱满，设色明丽浓重，深山、树林都画得非常繁复，人物则穿插于山林溪流之间，呈现出人与自然和谐的交融状态。这与晚唐孙位《高逸图》卷着重追求的对人物神态的刻画截然不同。

同样是以“竹林七贤”为题材的画作，不同时代的画家以不同的视角，结合不同的艺术处理方法，诠释“竹林七贤”主题。回望作画者李士达的人生经历，他曾中进士，但因不媚权贵，在官场并不得志，于是辞官归隐。《竹林七贤图》卷正是其在归隐之后所作，因此这幅画所画的，应该是他理想中的生活——隐逸于深林之中，怡情，随性。此图画面突出的不是每位聚会文士细微的神态刻画和名士风度的描绘，而是突出了人物与自然景物之

11

明 李士达 竹林七贤图卷

上海博物馆藏

间的和谐共生、人与人之间情感交互的场面，着重表现魏晋名士悠闲自在的隐居生活，这也是画家心中所向往的理想生活。可以说，《竹林七贤图卷》就是李士达对自己精神家园的一种畅想。

2）兰亭修禊

另一个雅集图的经典母题，就是兰亭修禊。追溯雅集的历史，很多人会将东晋时期的书法家王羲之在会稽山阴兰亭所召集的雅集，即兰亭雅集，作为这一典型的中国士绅社交形式的初创。而兰亭雅集，也具备了后世文人雅集留存雅集序文、赋诗等的形式。

兰亭修禊中的“修禊”，是中国古代涤除不洁的一种习俗，指的是阴历三月的上巳日，人们在水边沐浴洗尘、辟邪除灾的仪式。魏晋以后，文人墨客常常借着修禊日，踏春、饮酒、赋诗、举行集会。

兰亭雅集亦是如此。永和九年暮春之初，王羲之邀约了当时的社会名流共 40 多人，在会稽山阴举行了这次雅集活动。文人崇雅趣，于是在雅集之中设置了“曲水流觞”的游戏，让酒杯顺流而下，停于谁处，就由此人饮酒赋诗。席间所得诗文，集结为《兰亭集》。而王羲之则“微醉之中，振笔直遂”，写下著名的《兰亭集序》，被称为“天下第一行书”。

王羲之所书《兰亭集序》为后世文人所推崇备至，明代的大书法家祝允明也是其中一位“铁杆粉丝”。辽宁省博物馆藏有一幅由祝允明和文徵明合作的《兰亭序书画》卷。卷中祝允明书法（图 12-1），便是其反复临摹王羲之《兰亭集序》中的一本。与许多人试图钩摹、还原王羲之《兰亭集序》的行书原貌不同，祝允明在书写时用工极深，并融汇了自己的笔性于其中。因而当文徵明在看到祝允明的这一稿书法后，便起意为好友补绘了一幅《兰亭雅集图》（图 12-2）。字与画合装成卷，就成了如今的祝允明、文徵明的《兰亭序书画》卷。可以说，此书画卷也是两位大家的友情见证。

从内容上来看，《兰亭集序》的前半部分，记录了整个雅集的过程，

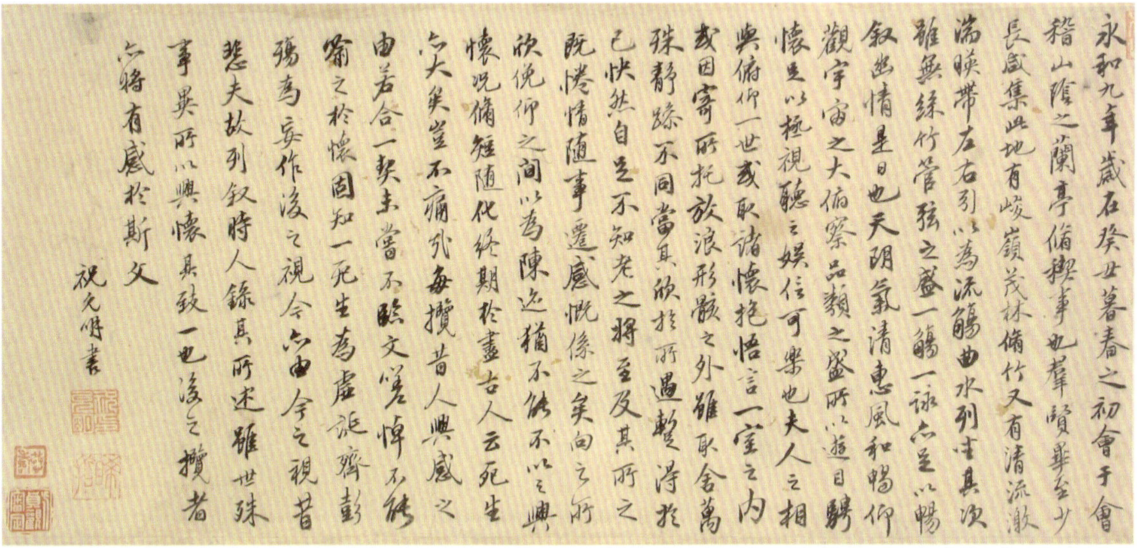

2-1
明 祝允明 兰亭序
辽宁省博物馆藏

2-2
明 文徵明 兰亭雅集图
辽宁省博物馆藏

有时间，有地点，也描写了不同的人物分别在做些什么，后半部分则是王羲之对人生的慨叹。文徵明所作的《兰亭雅集图》，就是在这些文字的基础上进行想象，并完成的。文中记述，“此地有崇山峻岭，茂林修竹，又有清流激湍，映带左右，引以为流觞曲水，列坐其次”，因而在文徵明的画中，树木繁茂，曲水蜿蜒，环境幽静，文人名士列坐于两岸，似在酝酿诗文，侍从将酒杯置于流水之上。与友人同坐于亭中的王羲之，正在奋笔疾书。

从这幅《兰亭雅集图》中，可以看到明代的雅集图对于人物面部表情的描摹非常简略，画面更强调整体的雅集背景环境，表现人与景可以更和谐地融合。这也反映了山水画在明代所取得的巨大发展。

历代兰亭修禊主题的雅集图，也有手卷、立轴等不同形制的留存。手卷形制的有上海博物馆藏的清代《兰亭修禊图》卷（图 13），它和祝允明、文徵明的《兰亭序书画》卷有些类似，但画面取近景，并对人物做了细部刻画。此图布局开阔，人物众多，笔致娴熟工致，设色清雅。清代杨九垓的《兰亭修禊图》（图 14），则是立轴。他将《兰亭集序》写在诗堂上，整个画面采取竖构图。画中的崇山峻岭格外高耸，溪水从山顶逶迤而下，文士坐在水边赋诗饮酒，展现出与横构图画作迥然不同的创作风格。扇面同

14

清 杨九垓 兰亭修禊图轴
上海博物馆藏

13

清 兰亭修禊图卷
上海博物馆藏

样是古代文人喜欢的创作形制。例如明代仇谱的《兰亭图》扇页（图 15），画家将王羲之所处的亭子、水榭绘于扇面中间，将溪水和文人绘于两侧。清代李世光的《兰亭修禊图》扇页（图 16）也是如此，画家把亭子放在了扇面左侧，中间是开阔的水域，右侧则是参与雅集的文士，扇面上所书文字比蝇头小楷还要细致，非常考验笔下功力。

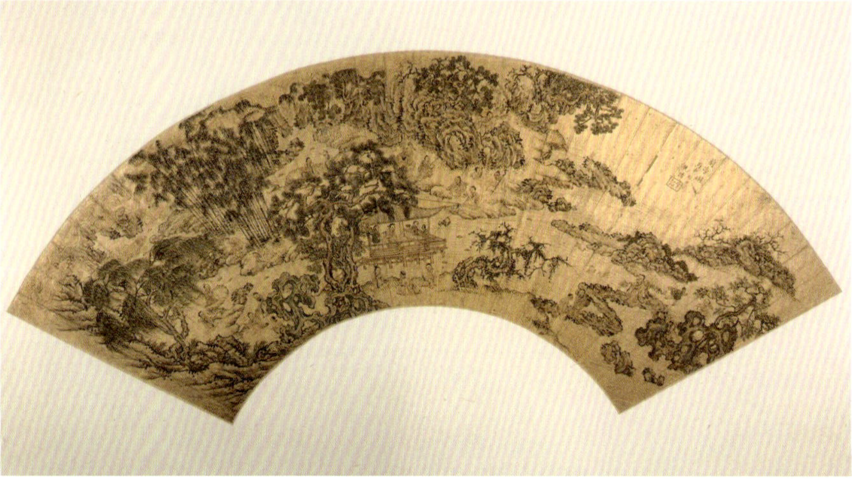

15
明 仇谱 兰亭图扇页
上海博物馆藏

16
清 李世光 兰亭修禊图扇页
上海博物馆藏

3）西园雅集

在雅集题材的绘画作品中，西园雅集也是历代画家非常喜欢表现的一个主题。相传宋英宗驸马王诜曾邀请苏轼、苏辙、黄庭坚、秦观、米芾等十余位名家，在自己的府邸举行雅集活动。据说，参与雅集的李公麟曾绘有《西园雅集图》，并有米芾所作的《西园雅集图记》。但“西园雅集”是否真的存在，仍有许多学者持怀疑态度。不过，历史的谜团并没有影响画家以此为题进行绘画创作。

清代石涛的《西园雅集图》卷（图 17），是上海博物馆馆藏一级品文物。画中遍布山石、树木、溪水，人物穿插其中，情景交融。石涛在画作后特意誊抄了北宋米芾所作的《西园雅集图记》，其创作的《西园雅集图》正是根据这篇文字进行想象后所画的，画中人物亦可与文字一一对应。

图记中所述“李伯时效唐小李将军为著色泉石”，意指李公麟所画此图为着色山水；“其乌帽黄道服捉笔而书者，为东坡先生”，在图中对应为方几旁正在写字的，就是苏轼；“仙桃巾紫裘而坐观者，为王晋卿”，作为西园雅集的主持者，王诜坐于苏轼一旁的凳子上，正向后方张望；“幅巾青衣，据方几而凝伫者，为丹阳蔡天启”，对照来看，即伫立在苏轼旁边的蔡肇；“捉椅而视者，为李端叔”，画面中的李之仪手扶凳子，似乎在跟王诜互动；“后有女奴……乃晋卿之家姬也”，也就是在王诜身后持扇而立的女子，此女子并非雅集的参与者，但石涛也一五一十地把她画了上去；“坐于石磐旁，道帽紫衣，右手倚石，左手执卷而观者，为苏子由”，画面中的苏辙坐在一块大石之上，一手倚着石头，一手拿着书卷，与文字完全吻合；“团巾茧衣，手秉蕉箑而熟视者，为黄鲁直”，大书法家黄庭坚就坐在苏辙身旁；“幅巾野褐，据横卷画渊明归去来者，为李伯时”，画中的李公麟正在作画；“披巾青服，抚肩而立者，为晁无咎”“跪而捉石观画者，为张文潜”，李公麟对面的晁补之和张耒都在看他作画，一个站着，一个跪坐着；“道

巾素衣，按膝而俯视者，为郑靖老，后有童子执灵寿杖而立”，郑嘉会就是坐着抚膝的那位老者，他的身后站着手拿寿杖的童子；“二人坐于磐根古桧下者，幅巾青衣，袖手侧听者，为秦少游”“琴尾冠、紫道服，摘阮者，为陈碧虚”，对应的秦观和陈景元，也就是画面中古树下两位弹奏赏乐的人；“唐巾深衣，昂首而题石者，为米元章”，正在题字的那一位就是米芾；“幅巾袖手而仰观者，为王仲至”，米芾身侧的是王钦臣；“前有鬅头顽童捧古砚而立”，石涛就画了一个小童子捧着古砚随侍在旁；“中有袈裟坐蒲团而说无生论者，为圆通大师”“旁有幅巾褐衣，为刘巨济”，画中的圆通大师与刘泾也正在谈佛讲经。

从《西园雅集图记》可见，参与“西园雅集”的众文士可谓是群英荟萃。就行文内容而言，此图记与《兰亭序》有很大不同，《兰亭序》对于雅集的时间、地点、人物，和具体雅集活动内容都有明确记载，同时，序文流露出作者聚会的欢乐之情，并抒发对于生死无常的感慨。后人是根据《兰亭序》的文字描述，想象绘制了《兰亭集图》。但《西园雅集图记》并没有记载本次雅集的具体时间和雅集目的，而是根据《西园雅集图》的构图顺序书写的一篇雅集图解，极具画面感。同时，与“兰亭雅集”相比，文士参与的雅集活动内容更加丰富，除了诗酒之外，增加了书画创作、古

17

清 石涛 西园雅集图卷

上海博物馆藏

器物赏鉴等内容。在清石涛《西园雅集图》中，画家根据《西园雅集图记》详细的画面描绘，通过精妙的构思布局，将雅集参与者分组绘制于绿树成荫、山石环绕的自然环境中，人物与背景和谐统一，将抽象的文字记载转换为具象的图画形象，将史料记载的雅集故事活灵活现地呈现在观者面前。

受到追捧的西园雅集故事题材，激发了画家经久不衰的创作欲，也流传了相当大量的画作，各具特色。例如，与石涛《西园雅集图》卷不同，清代顾洛的《西园雅集图》横披（图 18），将人物布局得比较紧凑，画面左侧的河流处理得比较松散。清代的沈宗骞（图 19）和华嵒（图 20）都绘有立轴形制的《西园雅集图》，但构图风格各不相同。两人分别将《西园雅集图记》书于诗堂或画面之中，展现出对先贤的致敬。此外，上海博物馆的馆藏中也有以《西园雅集图》为题材创作的扇页（图 21）。

2. 现实生活的再现

在“文人雅集”题材画作中，除了对文学作品的图像化再现之外，画家对现实文人雅集生活的描绘也是其重要的部分。在这类雅集作品中，有的是画家受人所托而作，有的画家本人就是雅集图中的参与者。如果说，对文学作品的图像化再现反映了画家对古代名士风度的敬仰及精神层面的

18

清 顾洛 西园雅集图横披
上海博物馆藏

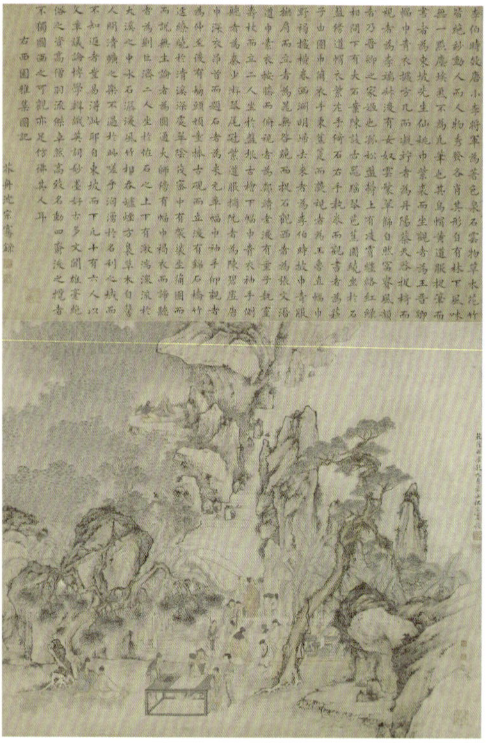

19

清 沈宗骞 西园雅集图轴
上海博物馆藏

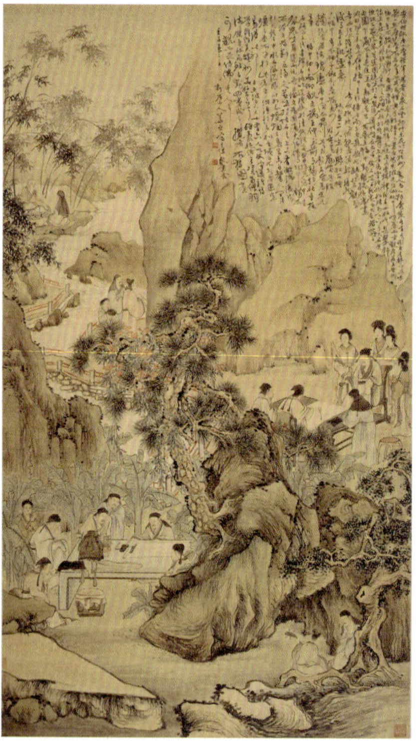

20

清 华嵒 西园雅集图轴
上海博物馆藏

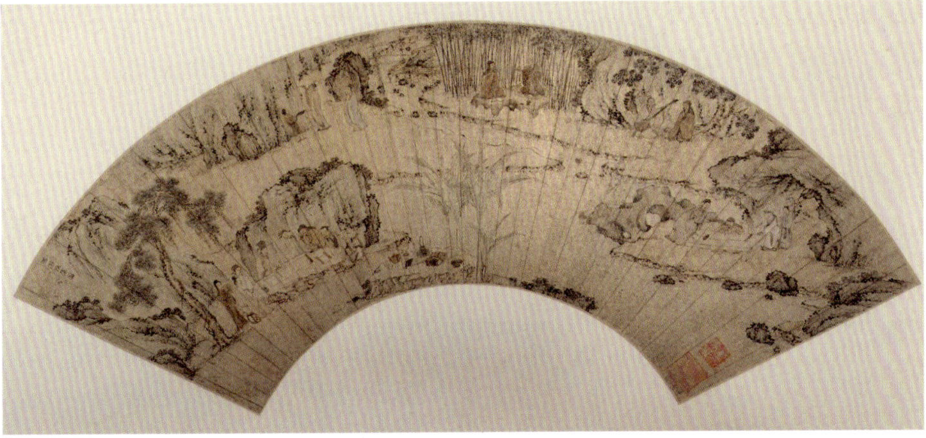

21

明 西园雅集图扇页

上海博物馆藏

追求，那么，对现实文人雅集活动的描绘则使我们更加真实地了解画家同时代文人的生活方式和交友圈。

1)《睢阳五老图》册（北宋）

《睢阳五老图》册（图 22）中所绘的五位老人是北宋时期的五位名臣：杜衍、王涣、毕世长、朱贯、冯平。据钱明逸所作序文，可以得知这五位老者在退隐官场后，经常聚集在睢阳（今河南商丘）赋诗酬唱，宴集为五老会。五人皆是耄耋高寿，德高望重，为世人所景仰，因而当时的画家就为五位老人作《睢阳五老图》。

自南宋起，由五老人之一朱贯的后人保存这幅《睢阳五老图》，尽管其中几度流落，但每每回到朱家手中，他们都十分珍视此图，并且陆续邀请了多位历代名家在图后题写跋文。所以，此图后的跋文在书法史上也具有极为重要的地位。值得一提的是，元代书画家朱德润也是朱家后人之一。

从现存的这些题跋序文中可以得知，这幅图最初并非如今的册页形制，而是一幅手卷。到了清代，朱氏后人朱懋修为了更好地保存此图，避免它

司農卿致仕畢世長九十四歲
兵部郎中致仕朱貫八十八歲
駕部郎中致仕馮平八十七歲

司農卿致仕畢世長九十四歲
兵部郎中致仕朱貫八十八歲
駕部郎中致仕馮平八十七歲

22

北宋 睢阳五老图册

分藏于美国弗利尔艺术馆、耶鲁大学艺术馆、大都会博物馆

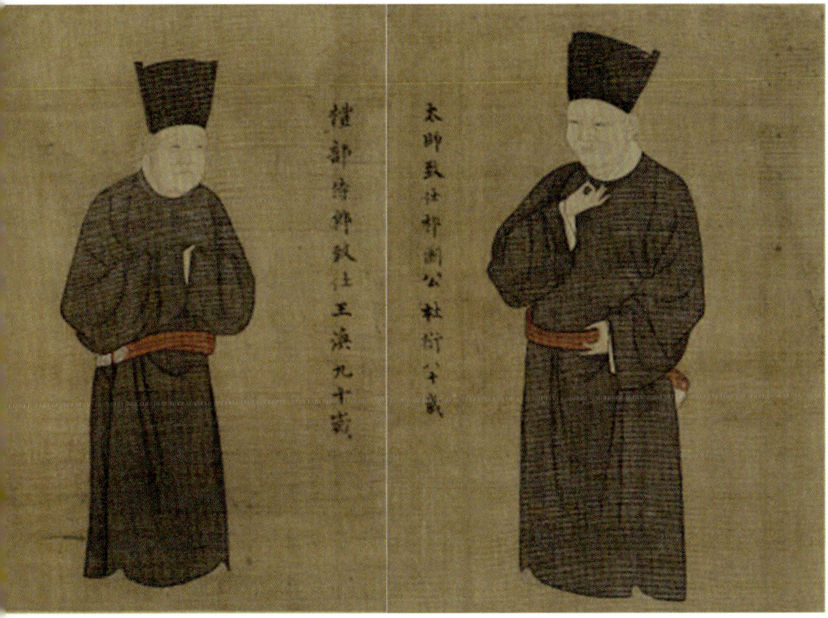

23

明 尤求 摹睢阳五老图

上海博物馆藏

在反复卷舒的过程中剥落绢丝，于是将手卷改成了册页。因而现在看这一页一像的《睢阳五老图》，就仿佛在看一幅幅形神兼备的单人肖像画，但是当把这五位老人按顺序恢复成手卷时，就会惊奇地发现此图不仅仅是单人肖像画，这几位老人于横卷中其实是两两相对的，有的在一起思索，有的在一起吟诗，十分传神。

尽管目前已无从得知《睢阳五老图》的作画者为何人，但根据钱明逸作于北宋至和丙申年（1056）的序文，可以想见其创作年代十分久远。此图在朱氏家族递藏过程中，也曾遗失、损坏，甚至历经大火，能流传至今实属不易。目前，《睢阳五老图》原图及部分跋文分别由美国的三家艺术品收藏机构收藏。

朱家后人为了防止此图失传，也曾请多位画家临摹成副本。其中一本就是上海博物馆藏的尤求《摹睢阳五老图》（图 23）。这幅作品的创作时间应不晚于 1541 年，是明代画家尤求现存最早的一幅画作，故而极其珍贵。尤求的临摹本与原作十分相似，人物神形皆栩栩如生，实属难得。

2）《玉山雅集图》和《雅集志》（元代）

元代以后，文人雅集逐渐兴盛。其中最有名的，当数玉山雅集、曹园雅集等。

玉山雅集由元末昆山玉山草堂主人顾瑛主持，“元季知名之士，列其间者十之八九……其宾客之佳，文词之富，则未有过于是集者”，是元代文坛最重要的聚会之一，前后举办过数次。杨维桢、柯九思、黄公望、倪瓒等，都是玉山雅集座上嘉宾。在顾瑛看来，玉山雅集应当和兰亭雅集、西园雅集一样，有雅集图，有雅集志，方能使玉山雅集流芳后世。据载，当时张渥以玉山雅集为题创作了《玉山雅集图》，杨维桢撰写了《雅集志》（图 24）。如今，张渥的画作已经遗失，唯有从杨维桢的文字可以窥得玉山雅集盛况之一二。

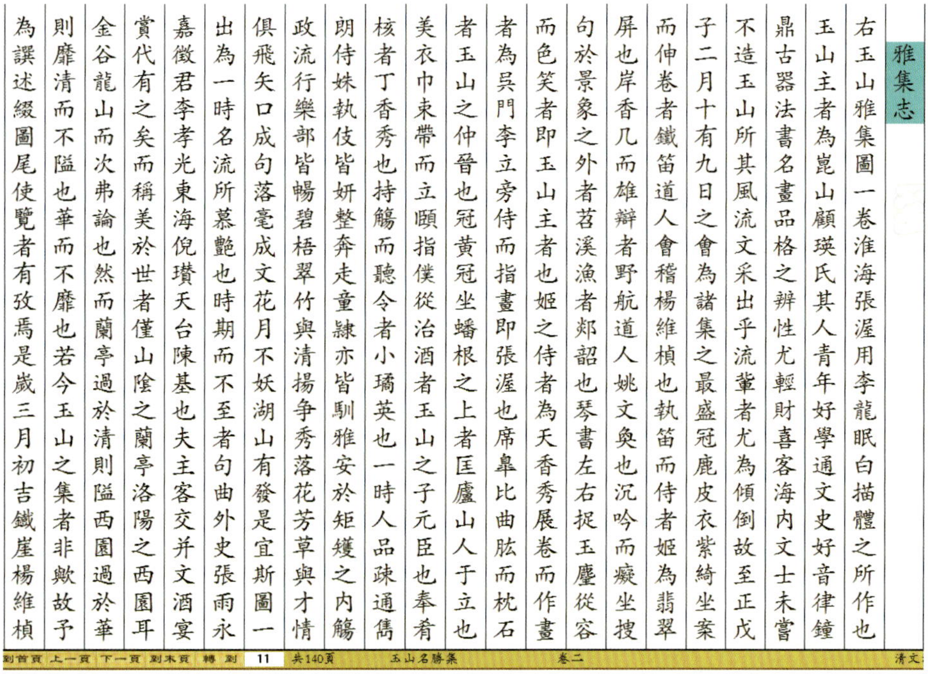

雅集志

右玉山雅集圖一卷淮海張渥用李龍眠白描體之所作也玉山主者為崑山顧瑛氏其人青年好學通文史好音律鐘鼎古器法書名畫品格之辨性尤輕財喜客海內文士未嘗不造玉山所其風流文采出乎流輩者尤為傾倒故至正戊子二月十有九日之會為諸集之最盛冠鹿皮衣紫綺坐案而伸卷者鐵笛道人會稽楊維楨也執笛而侍者姬為翡翠屏也岸香几而雄辯者野航道人姚文奐也沉吟而凝坐搜句於景象之外者苕溪漁者郯韶也琴書左右捉玉麈從容而色笑者即玉山主者也姬之侍者為天香秀展卷而作畫者為吳門李立旁侍而指畫即張渥也席皐比曲肱而枕石者玉山之仲晉也冠黃冠坐蟠根之上者匡廬山人于立也美衣巾束帶而立頤指僕從治酒者玉山之子元臣也奉肴核者丁香秀也持觴而聽令者小瑤英也一時人品疎通儁朗侍姝執伎皆妍整奔走童隸亦皆馴雅安於矩矱之內觴政流行樂部皆暢碧梧翠竹與清揚爭秀落花芳草與才情俱飛矢口成句落毫成文花月不妖湖山有發是宜斯圖一出為一時名流所慕艷也時期而不至者句曲外史張雨永嘉徵君李孝光東海倪瓚天台陳基也夫主客交并文酒宴賞代有之矣而稱美於世者僅山陰之蘭亭洛陽之西園耳金谷龍山而次弗論也然而蘭亭過於清則隘西園過於華則靡清而不隘也華而不靡也若今玉山之集者非歟故予為譔述綴圖尾使覽者有攷焉是歲三月初吉鐵崖楊維楨

到首頁 上一頁 下一頁 到末頁 轉到 11 共140頁 玉山名勝集 卷二 清文

24 元 杨维桢 雅集志

《雅集志》里记录的是举办于至正八年（1348）二月十九日的一次玉山雅集，而张渥所作的《雅集图》也正是此次雅集。《雅集志》的行文，似有模仿米芾《西园雅集图记》之意。例如杨维桢有“淮海张渥用李龙眠白描体之所作也”“冠鹿皮，衣紫绮，坐案而伸卷者，铁笛道人会稽杨维桢也”等记载，将所有到会人物都一一描写，与《西园雅集图记》的行文风格十分相似。而“夫主客交并，文酒赏会，代有之矣。而称美于世者，仅山阴之兰亭，洛阳之西园耳”一句，则将玉山雅集与兰亭修禊、西园雅集进行比较；“然而兰亭过于清则隘，西园过于华则靡。清而不隘也，华而不靡也，若今玉山之集者非欤”，则表达了对玉山雅集青出于蓝而胜于蓝的推崇之意。总之，张渥的《玉山雅集图》采用李公麟的“白描体”。杨维桢所作《雅集志》，则参考了王羲之《兰亭序》和米芾《西园雅集图记》行文。从内容上看，《雅集志》既有雅集的具体时间和地点，同时又依据《玉山雅集图》的构图顺序对画面进行了详细描写。尤其到了志文末尾，杨维祯特意将“玉山雅集”与“兰亭雅集”“西园雅集”进行比较论述，足见史书记载的“兰亭”“西园”两次文人雅集在元代文人心目中重要的位置。同时，“玉山雅集”召集者顾瑛个人嗜好文史，好音律、钟鼎古器、法书名画品格之辨，沿袭了宋代文人雅集的传统内容，主导了玉山雅集的活动内容。对于文人心中理想的“兰亭”“西园”等“精神家园”，“玉山雅集”处处流露出模仿痕迹。

尽管张渥的《玉山雅集图》并没有留存，不过在故宫博物院藏有清代王概所作的《玉山观画图》（图 25）。王概即《芥子园画谱》作者之一。据画家自题，此图描绘了在雨后初霁时，玉山雅集主人顾瑛邀请杨维桢、黄公望等好友来观画品古的场景。不过此图场景是王概的自由创作之产物，而非参照《雅集志》而作。

25

清 王概 玉山观画图轴

另一件与玉山雅集相关的文物，是台北故宫博物院所藏的清代华嵒《玉山雅集图》（图 26）。此画原名《竹溪六逸》，后经藏家改名为《玉山雅集图》。不过画中雅集是否确为玉山雅集，还有待专家学者的进一步考证。

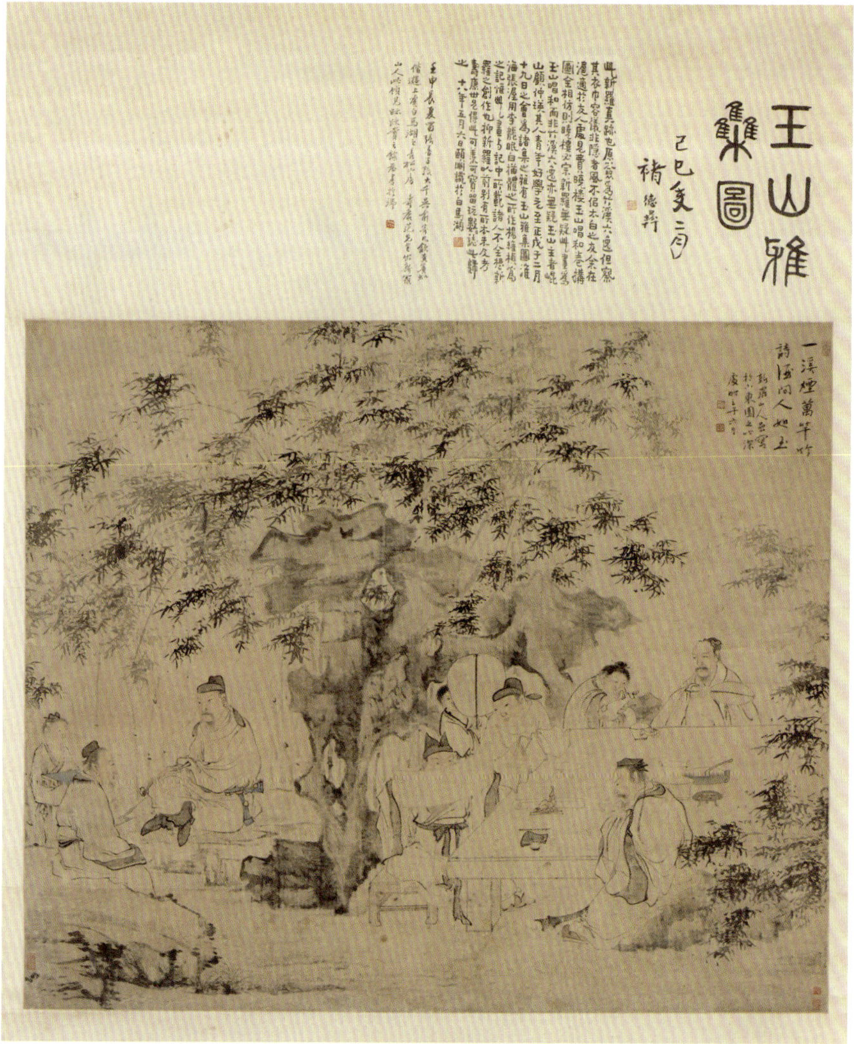

26

清 华嵒 玉山雅集图轴

台北故宫博物院藏

3）吴伟《词林雅集》卷（明代）

玉山雅集的纪念性画作实物，现在已经难觅踪迹，但是，以文会友、以诗书画相结合的雅集形式经历代传承下来。明代，随着商品经济的发展，大量反映文人思想和现实生活的绘画题材成为画家表现对象，上海博物馆藏明代吴伟的《词林雅集图》卷（图 27）就是其中一例，描绘了一次文人雅集的盛况。吴伟，是“江夏画派”的代表画家之一。打开《词林雅集

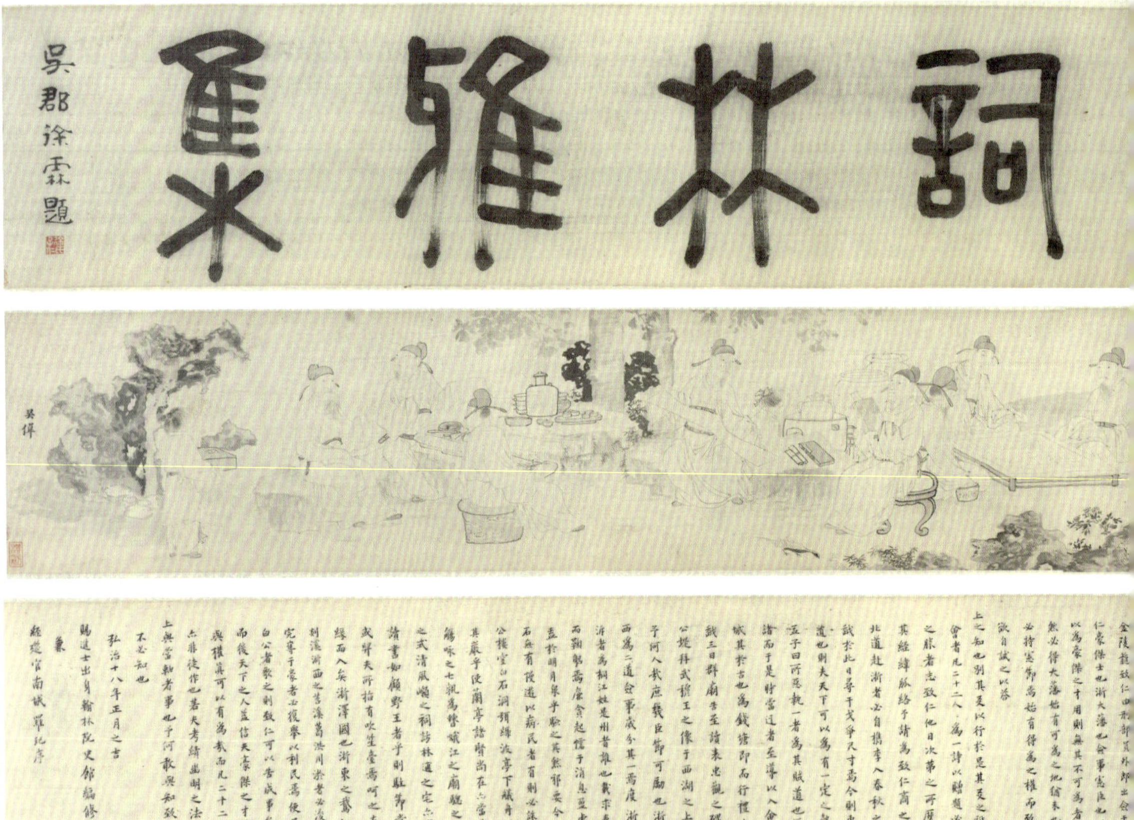

图》卷，引首“词林雅集”由徐霖所书。引首之后由吴伟以白描手法再现雅集场景，绘有着官服的官员八人，在园林里或弈棋、或观画轴、或围坐交谈，石桌上陈设笔、墨、砚、茶具诸物，画家笔法爽利刚劲，笔墨浓淡相宜，俱见其用笔习性。图后则由罗玘题《文会赠言叙》，后面一段的跋文，全都是参会文人所作的诗文。

《文会赠言叙》记录了这次雅集的概况，即明代弘治十八年（1505），刑部员外郎龙霓（字致仁）出任浙江按察佥事，一群文朋吏友在金陵为之送行。二十余位参会者中有王守仁、李梦阳、何景明、边贡等文坛名士，大家约定以浙地名胜为题，“人为一诗以赠”，贺龙霓升迁。

画家吴伟没有参与此次雅集，而是应龙霓之请为本次雅集补图。与前述《西园雅集图》和《玉山雅集图》不同，吴伟作《词林雅集图》并非本次雅集的真实再现，而是通过画家的艺术处理，描写了明代文人士大夫雅集的情景，突出了雅集的概念，在内容形式上具有16世纪初期明代文人雅集的普遍性。因而《词林雅集图》中的人物并无特指某人，他们有在品茶的，有在下棋的，也有在赋诗，神情闲适，洒脱自然，整幅丹青更像是具有普遍性的明代文人雅集的图示。在艺术形式上，从宋代李公麟、元代张渥，再到明代吴伟，延续了人物白描画法。

4）文嘉《药草山房图》卷（明代）

到了明代中期，吴门画派兴起，文人通常诗文、书法、绘画兼擅。因此，吴门画派画家日常组织的雅集活动，除了题诗作文之外，合作绘制雅集图也是重要内容之一。这一点，与“西园雅集”“玉山雅集”分工明确的单纯以绘画形式记录雅集事件的性质不同，与吴伟接受他人订制凭想象创作《词林雅集图》更不同。

例如《药草山房图》卷（上海博物馆藏），就由药草山房集会参与者文嘉、钱穀、朱朗合作完成。（图 28）图绘古树掩映下，草堂一间，堂内文士们交谈正欢。堂前修竹夹径，尚有文士前行，欲赴草堂雅集。图中笔墨细秀，画风娴雅。

据图后文嘉的题跋可知，嘉靖庚子（1540）十月，蔡叔品邀请诸文士赴药草山房集会。参与此次集会的文士有文彭、文嘉、朱朗、钱穀、彭年、沈大谟、周天球、石岳、陆芝。他们不仅一起作诗，文嘉与钱穀、朱

朗还合作完成了这幅《药草山房图》。同时，参与集会的诸文士各分韵赋诗，并装裱于图卷后。因此，此卷的画意与诗情完美结合，为本次雅集活动的一件完整纪念品，殊为难得，具有重要的艺术价值和史料价值。

5）陈洪绶《雅集图》卷（明代）

以上几个例子，都可以通过雅集图卷上的题跋文字来了解所绘的雅集情况，那么，如果没有参与者的文字记录，该如何判断雅集的内容呢？

28 明 文嘉等 药草山房图卷 上海博物馆藏

上海博物馆所藏的明代陈洪绶所画的《雅集图》卷（图 29）就是这种情况，图中没有序文，也没有题跋，只有陈洪绶的落款。晚明画家陈洪绶素以高古奇骇的人物画风格著称，然而这幅《雅集图》以精工稳健的手法绘就，所绘人物比例写实，并用泥金一一标注人物姓名，可知从右至左依次为：陶奭龄、黄辉、王静虚、陶允嘉、愚庵和尚、米万锺、陶望龄，还有袁宗道、袁宏道。这显然是意有所指，即此图所绘人物都是现实中的政坛、文坛名流，而非凭空臆造。画面中央还画了一座菩萨像，众人围绕着它或坐或立，神情专注。曾有专家学者根据图中所绘袁氏兄弟及其友人考证，认为此图所绘应为明末著名的葡萄社集，因为葡萄社是公安三袁与同道在京师所结论学之社。然而，此图没有雅集参与者题跋，亦没有雅集序文，陈洪绶绘制此《雅集图》卷的真正目的到底是什么呢？

从构图分析，《雅集图》的画面以菩萨像为中心，再由两边的树木分割成左、中、右三个部分。中间部分是整幅画的主体，视觉重心以左侧树干为引，指向右侧持杖听道的陶允嘉。由此可以判断，此图的主要人物即

为陶允嘉。为什么明明有袁宗道、袁宏道这样的“公安派”大家，陈洪绶却偏偏要将名不见经传的陶允嘉放在画面最显眼的位置呢？这就要从画中的款题和钤印来解谜了。陈洪绶自题的落款为“僧悔为去病道人作”——明亡后陈洪绶曾一度出家为僧，“僧悔”为其自号；而由款题下的“陶湝之印”白文印和“去病父”朱文印可知，“去病道人”就是陶湝。因而这幅《雅集图》是陈洪绶画来送给陶湝的。据文献资料记载，陶湝，字去病，号秋原，明绍兴会稽陶堰人；陶允嘉，字幼美，号兰风，同为会稽陶堰人。经过对《会稽陶氏族谱》的查考后，发现陶允嘉是陶湝的祖父。陈洪绶的好友、著名文人张岱正是陶允嘉的外孙。陶湝有可能就是通过张岱结识了陈洪绶，为纪念其祖父陶允嘉，特请陈洪绶绘制此《雅集图》。

为了突出画中主要人物，还要表现其结交的名士朋友圈，陈洪绶采用了各种绘画技巧来弱化画中名流，突显陶允嘉。例如他用中锋实笔来画人物，侧峰虚笔绘景，就如同现在照相机的定焦功能，以达到聚焦人物的效果；同时，其构图又以背景树木遮挡了袁宗道、袁宏道，让米万锺只微露侧脸，并通过树石背景的指引，进一步突出了陶允嘉的中心位置。

同时，陈洪绶创作图中每个人物的性格各不相同，应是建立在史料基础之上，有本可依的。例如，他画的袁宗道、袁宏道兄弟人物形象，就和袁宏道在《出燕别大哥三哥》中“兄性温而真”“余性兼宽猛”的描述相符。

那么历史上是否真的有陈洪绶《雅集图》中所绘的这一次聚会呢？遗憾的是，尽管各类文献陆续记载了画中人物间的交往，但并没有确凿证据可以验证此次聚会的存在。可推断陈洪绶《雅集图》卷描绘了陶允嘉在京城与社会名流、居士、僧侣谈禅论佛的交友活动，以此纪念陶允嘉虔诚的佛教信仰。这次雅集活动，很有可能没有真实的时间和地点，而是由画家陈洪绶应陶湝之托，充分发挥画家的想象力，所创作出的一次跨越时空的雅集盛事。此图内容将现实与理想完美地结合，充分地展示了画家陈洪绶

29
明 陈洪绶 雅集图卷
上海博物馆藏

高超的绘画技艺。

6）尤诏、汪恭《随园女弟子图》（清代）

古代文士雅集很少出现女性身影。在米芾所作《西园雅集图记》中，曾提到王诜的家姬，但该女子只是侍从，而非雅集的真正参与者。到了清代，随着时代的发展和观念的改变，涌现了大量的女诗人，雅集中也真正出现了女性参与者。

上海博物馆藏的尤诏、汪恭《随园女弟子图》卷（图30），是当时的著名文人袁枚请汪恭和尤诏所画的作品。该图主要记录了乾隆五十七年（1792），自号“随园老人”的袁枚与其十三位随园女弟子于杭州西湖宝石山庄内雅集赋诗的场景。尤诏善写人像，前卷中的十三位闺阁清才皆出其

30
清 尤诏、汪恭 随园女弟子图卷 上海博物馆藏

手。她们神情温婉，体态娴静，有的聚而戏墨写梅，有的依竹而立若有所思，有的闲庭信步相与言欢，与汪恭所造之景相得益彰。参与此次雅集活动的女弟子，都是吴门一带的名门闺秀，袁枚在题跋里详细记载了她们的来历。故而此图也是今人研究清代闺阁诗人与女性文化的重要史料。

7）翁万戈《莱溪雅集图》（现代）

文人雅集的传统，一直延续至今。

著名的社会活动家、书画鉴藏家翁万戈，就曾创作《莱溪雅集图》（图31），1985 年 5 月，谢稚柳、王季迁、徐邦达、杨仁恺、杨伯达、黄君实等当时有名的书画家、鉴赏家，到访翁万戈位于美国的莱溪居，举行古玩

《莱溪雅集图》翁万戈 1990年绘制。
从右至左依次为：翁万戈、黄君实、徐邦达、谢稚柳、杨仁恺、王季迁、杨伯达、翁夫人程华宝、严文韵。

雅集，品评书画。事后，翁万戈追忆此事，于 1990 年绘制了这卷《莱溪雅集图》。第一幅画的是整个莱溪别墅的外景，继而又画了莱溪居外的环境，然后参照当时莱溪雅集的合影（图 32），翁万戈又将参会者一一画下，卷末其又邀请了参会及未参会的诸多名家进行题跋作诗。可以说，莱溪雅集及这幅《莱溪雅集图》卷是上千年来雅集文化的赓续。

32

翁万戈莱溪雅集合影照片

31 现代 翁万戈 莱溪雅集图卷

总之，在中国画史中，以雅集为题材的画作不仅具有其艺术的审美价值，同时，“雅集图”承载了更多的文化内涵。如今研究、挖掘“雅集图”背后承载的文化意义，讲好文物背后的故事，都是为了让大家更加了解中国博大精深的优秀传统文化。

扫码观看《画里画外谈雅集》现场内容

后记

时间很快，一晃 6 年。始于 2019 年的上博讲坛，由上海博物馆与新民晚报社共同携手打造，是一个飞入寻常百姓家的文博普及类文化品牌。6 年的持续推进，上博讲坛搭建起了一个文博交流的融媒平台，形成了一个文博爱好者的朋友圈。

上博有诸多文博大家、专家，也有很多中青年业内英才，他们专业知识强、业务水平高，在全国乃至世界文博圈有影响力；上博珍品也多，拥有世界一流的馆藏。如何让这些专家与珍藏，更多“立”起来、“走”出去，让体现中华优秀传统文化精华、中华文明文脉的精品，更多“火起来”？

上博讲坛是一个有益的尝试：搭建平台，让这些顶流的人与物，从幕后走到台前，走上讲坛，通过线下讲座、线上直播，吸引更多人的关注，让爱好文博的人，除了观展，还能知道更多“文物里的故事”。这不仅是对中华优秀传统文化的一次次回望与致敬，也是新时代之下文化惠民的一份努力与践行。

近年来，上博办了很多热门展，可谓爆款频出，世界各地的文博爱好者，不少是打着飞的来上海，专程为看上博的展览，这已成为沪上乃至全国一个非常特别的文化现象。这说明，老百姓对看展的兴趣越来越浓，上博也越来越成为上海文化的一个符号与品牌。

上博讲坛诞生的初衷，其实就是搭建平台，培养普通人看展兴趣、打造文博朋友圈。一边汇聚上博的英才与大家，一边联接普通老百姓，这样的系列文博讲坛，努力传播弘扬中华优秀传统文化、推荐世界文明精品，也尝试丰富美好着百姓的日常生活。以讲坛为媒，将大家聚在一起，听专家的讲解，解自己的疑惑，还可通过互动来提问甚至点单感兴趣的选题……让同道人相聚在上博讲坛，相遇、相识、交流、交往，岂不乐哉？

上博讲坛已经步入第五季。一路走来，我们遇到过各种情况、有过不少新尝试：除线下讲座，开线上直播，尝试户外等；传播讲坛的模式也不断多元化：除纸质报，还有客户端、微信公众号、视频、直播等，此外在上博、新民、学习强国、小红书等多渠道联动。

所有的变，是为了不变：一如既往飞入寻常百姓家的初衷不变，坚守文化惠民为百姓服务的初心不变。《新民晚报》创刊近百年，这也是我们一直以来孜孜以求、努力向前的宗旨。

如今，每一次上博讲坛报名踊跃，现场坐满了人。在这里，要感谢团队所有的人，以及众多的参与者、关注者，有你们持续的努力与忠心的陪伴，才有了不断在扩容的“上博讲坛朋友圈”，我们也有了更多底气与自信，将讲坛，一次一次、一季一季更好地办下去。

阎小娴

（《新民晚报》副总编辑）

图书在版编目（CIP）数据

对话至宝 ： 上博讲坛． 第三辑 ／ 上海博物馆， 新民晚报主编． -- 上海 ： 文汇出版社， 2025． 8． -- ISBN 978-7-5496-4427-8

Ⅰ． G269.26

中国国家版本馆 CIP 数据核字第 2025CR8800 号

对话至宝 ： 上博讲坛第三辑

上海博物馆　新民晚报　主编

责任编辑 ／ 陈　屹
装帧设计 ／ 董春洁
书名题字 ／ 刘一闻

出 版 人 ／ 周伯军

出版发行 ／ 文匯出版社
上海市威海路 755 号
（邮政编码 200041）
经　　销 ／ 全国新华书店
印刷装订 ／ 上海颛辉印刷厂有限公司
版　　次 ／ 2025 年 8 月第 1 版
印　　次 ／ 2025 年 8 月第 1 次印刷
开　　本 ／ 720×1000　1/16
字　　数 ／ 252 千字
印　　张 ／ 19.25

ISBN 978-7-5496-4427-8
定　　价 ／ 128.00 元